# 発刊にあたって

　近年我が国は、ノーマライゼーション社会、即ち多様性をお互いに認め合っていく社会を目指しています。こうした状況の中で、教育の世界においては、インクルーシブ教育システムによる実践が行われるようになってきています。我が国におけるインクルーシブ教育システムは、端的に言って、どのような教育の場にいる障害児等に対しても、そのニーズに応じた支援を行うことのできるシステムであるといえます。

　ところで、そのニーズに応じた支援とはいったい何なのでしょうか。この点を探れば非常に大きく複雑なものが浮かび上がってくると思われますが、一番大切な点は、学校は子供たちにとって楽しい場であり、伸び伸びと自分を発揮しながら成長できる場であり、一人の人間として認められ尊重されていることを実感できる場でなければならない、という基本的な点をいかに支援し実現できるかということではないかと思うのです。

　我が国におけるインクルーシブ教育システムを支えるキーワードには、次に示す四つの側面があるように思います。

　一つ目のキーワードは、多様な教育の場の設定です。これは行政レベルで対応すべき課題ですが、切れ目のない多様な教育の場としては、視覚、聴覚、肢体不自由、知的、病弱等の特別支援学校、小・中学校におかれている特別支援学級、通級指導教室、そして小・中学校の通常の学級です。現在の我が国の教育システムが、理想的な教育の多様な場を提供できているかどうかは検証の必要があると思いますが、とにかく切れ目のない多様な教育の場が用意されています。

　二つ目のキーワードは、この多様な教育の場から、一人一人の障害の状態等に応じて、最も適切な教育の場をいかにして選択するかです。親の意向や子供の意見、専門家の見解、それに教育の場の現在の整備状況等を勘案して

決定されるわけです。こうした選択は、現在多くの事例で行われており、様々な課題はあるものの、できるだけ幅広い見地から、望ましい教育の場を選定しようとする努力が行われているとみることができるでしょう。

　三つ目のキーワードは、柔軟な教育の場の変更です。最初の段階でどんなに最も適切な教育の場を選んだとしても、子供の状況は刻々と変化しますし、不適応を起こすこともしばしば起こり得ます。そんなときに状況を適切に判断して、できるだけ柔軟で速やかに教育の場を変更してやることを検討することが大切です。この教育の場の柔軟な変更に関しては、現状においてどのように対応されているのか不明な点も多いので、その実態を調査し、今後の方向性を検討していかねばならない課題だと考えています。

　四つ目のキーワードは、どのような場で教育を受ける児童生徒に対しても、その教育的ニーズに応じた適切な支援を行うことのできる体制をいかにして構築していくかという、いわゆる「合理的配慮」に関する対応です。特に、小・中学校の通常の学級に在籍する障害のある児童生徒に対しては、この点に対する特別できめ細かな対応が必要です。この特別できめ細かな対応の方策は様々考えられますが、現時点では特別支援学校や特別支援学級のセンター的機能の充実と、小・中学校の通常の学級におけるユニバーサルデザイン対応の授業体制とその研究が中心的役割を担っていると思われます。ユニバーサルデザイン対応の授業体制については今後の研究にゆだね、この本においては、特別支援学校のセンター的機能の充実に視点を当ててみたいと思います。


　ところで、インクルーシブ教育システムと特別支援教育とは、必ずしも同心円状にある概念ではありませんが、我が国においては、障害児に対するインクルーシブ教育システムを支える基盤として特別支援教育を位置付けることができるのではないかと思います。特に、「多様な教育の場の設定」や「柔軟な教育の場の選択」、さらには特別支援学校のセンター的機能による「小・中学校の通常の学級に在籍する障害のある児童生徒の支援」は、特別支援教育が我が国におけるインクルーシブ教育システムを下支えしている状

況を物語る点として注目しなければならないと思います。

　さて、前述した我が国におけるインクルーシブ教育システムを支える四つの基本的な事項を踏まえつつ、特に特別支援学校のセンター的機能の役割に着目し、この教育システム充実のために我々はいったい何ができるのかを考え、前進させる実践を行っていかねばならないのではないかと思うのです。我が国のインクルーシブ教育システムは、非常に興味深いシステムですが、このシステムに魂を吹き込むのは今後の実践にかかっているように思われます。この魂を吹き込むのに欠かせないのは、日々の実践の評価とそれに基づく改善です。なお、こうした努力は、現場の実践にゆだねられるだけではなく、人的配置や金銭的裏付け、教員養成や研修制度の確立等の行政レベルの施策と、現場の実践が絡み合って初めて実現することを銘記しなければなりません。こうした状況のなかで、私たちは、今までの研究をまとめて発信する責務を担っているように思います。

　以上示したスタンスを踏まえ、この本を企画した「日本リハビリテーション連携科学学会　教育支援研究会」においては、2015（平成27）年以来5年にわたって特別支援学校の地域におけるセンター的機能の現状と充実のための諸問題を探る調査研究を続けてきました。こうした研究の成果を踏まえた書籍を今回出版したいと思い立ちましたが、この書籍は、単にこれまでの研究成果をまとめることを目的として企画したわけではありません。これまでの研究で得た知見を踏まえて、現場で実践している教師の方々に参考となる資料を提供することを最大の目的としてまとめるものです。

　したがって、現場で実践している教師の方々が、「なるほど、このようにすればより良い実践に結び付けることができるかもしれない」「私たちの実践にもうひと工夫加える方向が見つかった」「私たちの実践は間違っていない。このまま今までの実践をさらに推し進めていこう」等というように、現場の実践にさらにもう少し工夫を加えてみようという機運を呼び起こしたり、現場の実践を勇気づけたりするための資料を提供するためのものです。また、現場でこの種の実践を行っている教師の悩みを受け止め、その悩みにこたえ

るための若干のヒントを提供することができないかという点も模索しながら制作したものです。したがって、できるだけ平易でわかりやすく、しかも読みやすい編集・執筆を心がけました。

　こうした執筆の基本的事項を御理解いただいて、この本をお読みいただき、我が国におけるインクルーシブ教育システムを一歩前進させるとともに、多くの子供たちの確かな成長のために何らかのお役に立てば、幸いに思います。

　最後になりましたが、本書の出版に際して慶應義塾大学出版会の西岡利延子さんにひとかたならぬお世話になりました。この場をお借りして衷心より厚く御礼申し上げます。


2021年3月

編集責任者　　香　川　邦　生

# 目　次

# 第3章 センター的機能への取組みの実態と評価の在り方
## ——5年にわたる調査研究から

# 第4章 諸外国の取組みから学ぶ

# 第5章　センター的機能の実践事例から学ぶ

# 第 1 章
## 障害児教育の歴史的経緯

# 第1節　特殊教育の萌芽から進展に至る経緯

　我が国の近代的な障害児教育の変遷を、明治初期から第二次世界大戦が終結した1945（昭和20）年までと、それ以降との2つの時期に分けて概観してみたいと思います。

## 1　障害児教育の萌芽と盲・聾教育の進展
### ——明治期から1945（昭和20）年までの障害児教育

### (1) 盲児及び聾児の教育

　我が国の近代的な障害児教育は、1878（明治11）年開業の京都の「盲啞院」に始まるとされています。この「盲啞院」にみられるように、明治期から大正期にかけては、ほとんど「盲啞学校」という名称の学校が設置され、盲児と聾児の教育が同じ学校の中で行われたのです。しかしながら、大正期に入ると、障害の状態や教育方法の大きく異なる盲と聾という障害児を同じ学校の中で教育するのは合理的ではないという機運が高まります。その結果、1923（大正12）年には「盲学校及聾啞学校令」という勅令が制定され、以後は盲学校と聾学校（聾啞学校）に分離して設置されて教育が行われるようになっていったのです。ちなみに、「特殊教育百年史」（文部省、1978）によると、1923年には盲啞学校数（統計的には盲と聾を分けていない）は80校を数えていますが、1924年度からは盲学校と聾学校とに分かれた統計となっており、同年の盲学校数72校、聾啞学校数38校となっています。その後盲学校の数は多い年で78校を数えていますが、1945年は75校でした。これに対して聾啞学校は1940年までは徐々に増加して1942年は75校を数えていますが、1945年には61校となっています。

## (2) 盲・聾以外の障害児教育

　次に盲・聾教育以外の障害児の教育について概観しますが、盲・聾教育に比べると、それ以外の障害のある子どもたちの教育はやや遅れて始まり、その発展は遅々としたものでした。

### １）知的障害児の教育

　まず知的障害児についてみると、学校教育以前に社会福祉的な分野の取組みが先行して記録に残っています。1891（明治24）年に開園した滝乃川学園、1909（明治42）年に開園した白川学園等は、いずれも知的障害児（者）を収容・保護する施設ですが、その中で当然教育的取組みが行われており、これが知的障害児（当時の表現は、精神薄弱児）教育の先駆けとしての大きな役割を担ったのです。また、義務教育の制度が整ってきて就学率が向上すると、知的障害児も小学校に入学してくるようになり、その教育を試行する中で学業不振児のための特別な学級（精神薄弱特殊学級）が設置されるようになっていきます。記録によれば、1890（明治23）年に長野県の松本尋常小学校に学業不振児のための学級が設置されたのが先駆けとされています。その後、この種の学級が各地に設置されるようになり、1931（昭和6）年の文部省の調査によると、この種の学級を置く学校は71校・100学級で、3千人以上の者が在籍していたということです。しかしこの種の学級は様々な理由からその後低迷して、1945（昭和20）年ころまで大きな発展はみられませんでした。なお、1940年に大阪市に市立思斉学校という精神薄弱児を対象とした学校が設立された点は、特筆すべきことでした。

### ２）肢体不自由児の教育

　肢体不自由児に対する教育は、高木憲次が整形外科の立場から治療と教育の両側面からのアプローチの必要性を痛感し（1918年ころ）、「夢の楽園教療所」設立を提唱しました。こうした高木の影響を受けて、1921（大正10）年に肢体不自由児を対象とした「柏学園」が柏倉松蔵によって東京市小石川に設立されました。

　学校教育の立場から肢体不自由児の教育に先鞭を付けたのは、時代を遡って1932（昭和7）年に東京市が開設した「市立光明学校」で、この学校が

1945（昭和20）年までに設立された唯一の肢体不自由児のための学校でしたが、この光明学校の影響を受けて、いくつかの県で小学校に肢体不自由児の特別な学級が設けられたという記録が残っています。

### 3）病弱・身体虚弱児の教育

さて、最後に病弱・身体虚弱児に対する教育についてみてみたいと思います。病弱・身体虚弱児に対する対応は、結核予防の観点から注目されるようになり、1897（明治30）年ころから休暇集落の試みが始まったといわれています。さらに大正年代に入ると、日本赤十字社が結核予防対策として休暇を利用した夏季保養所を設けるようになります。また、このような臨時的な施設ではなく、常設された施設としては、1917（大正6）年に社団法人赤十字会が茅ヶ崎に設立した林間学校があります。その後、大正10年代に入ると、東京、大阪、神戸、福岡などの大都市の小学校に養護学級と称する身体虚弱児のための学級が設置されるようになります。このような学級はその後も増加し、1934（昭和9）年には全国に146学級設けられていたという統計が残っています。

## 2　盲・聾教育の展開と養護学校教育の義務制実施

### (1) 新たな民主主義体制と障害児教育

1945（昭和20）年の第二次世界大戦の終結（敗戦）によって、我が国は民主主義国家としての大きな変貌を遂げますが、教育の分野においても六・三制の新たな仕組みが取り入れられました。こうした新たな教育体制の下で、障害児教育がどのような変遷をたどったかを概観してみたいと思います。

戦争に敗れた結果、我が国の国政全般は連合国軍総司令部（GHQ）の占領管理下に置かれることとなり、教育分野もこの占領下という条件の下での改革が行われたのです。この教育改革において大きな影響を及ぼしたのは「米国教育使節団報告書」（1946年3月）でした。戦後における民主的教育体制確立の大きな柱となったのは、日本国憲法及び教育基本法ですが、こうした法規も前述の報告書の影響を色濃く受けました。

### 1）日本国憲法及び教育基本法と障害児教育

　教育に深く関わりのある点をみてみますと、日本国憲法（1946［昭和21］年11月3日公布、同22年5月3日施行）においては、第3章「国民の権利及び義務」の第26条で、教育を受ける権利と教育を受けさせる義務を規定しました。また、この憲法の精神に則った「教育基本法」（1947［昭和22］年3月公布）において、教育の機会均等の原則とともに9カ年間の義務教育を明記しました。

### 2）学校教育法と障害児教育

　こうした背景のもと、「学校教育法」が1947年3月に公布されましたが、その第1条において「この法律で、学校とは、小学校、中学校、高等学校、大学、盲学校、聾学校、養護学校及び幼稚園とする」と明記し、特殊教育諸学校が明確に位置付けられたのです。

　また、第6章を「特殊教育」（第71条から第76条）とし、特殊教育に関する必要な事項が定められました。第71条においては、盲・聾・養護学校の目的が「盲学校、聾学校又は養護学校は、夫々盲者、聾者又は精神薄弱、肢体不自由その他心身に故障のある者に対して、幼稚園、小学校、中学校又は高等学校に準ずる教育を施し、併せてその欠陥を補うために、必要な教育を施すことを目的とする」とされ、基本的には障害のない児童生徒と同様の教育を保障するという点を明らかにしました。

　さらに第72条においては、一般の小学校、中学校の義務教育段階に対応して、盲・聾・養護学校には小学部と中学部を原則として必置することを規定するとともに、幼稚部及び高等部を置くことができるとしました。このような規定によって、盲・聾・養護学校は、小学校及び中学校と同様に原則的には義務教育を行う学校として位置付けられたのです。さらに、この義務教育としての盲・聾・養護学校の小学部・中学部への就学を保障するために、第74条において、都道府県に盲・聾・養護学校の設置義務を規定しました。

　盲学校や聾学校は、1923（大正12）年に制定された「盲学校及聾啞学校令」によって都道府県に設置が義務付けられていたので、すでに各都道府県に1校以上設置されていましたが、養護学校については、皆無に近い状態で

した。そのため、就学義務や都道府県の設置義務は、同法第93条において、勅令（政令）に委ねられることとなったのです。

また、同法の第75条においては、小・中・高等学校に①性格異常者、②精神薄弱者、③聾者及び難聴者、④盲者及び弱視者、⑤言語不自由者、⑥その他の不具者、⑦身体虚弱者に対する特殊学級を設けたり、教員を派遣して教育を行う（訪問教育）ことができることを規定しました。

なお、同法第23条及び第40条において、就学猶予・免除の規定が設けられた点も付記しておきます。

### 3）盲・聾学校の義務制実施

前述したように、盲学校と聾学校については都道府県に1校以上が設置されており、小学部への就学義務の履行ができる状況にあったので、1948（昭和23）年4月にこれらの学校への就学義務と設置義務を定める政令が公布され、1948年度より学年進行で盲学校と聾学校の義務教育が始まりました。

義務制の実施は、学年進行で行われたので、小学部6年、中学部3年の計9年間の義務制が完成したのは、1956（昭和31）年でした。

盲学校も聾学校も学年進行で義務制が進むにつれて在籍児童生徒数は増加し、義務制が完結した1956年から3年が経過した1959年に在籍児童生徒数のピークを迎えています。ちなみに1959年の盲学校在籍児童生徒数は1万264名、聾学校在籍児童生徒数は2万744名となっていますが、盲学校も聾学校もこの年をピークとして、以後はほぼ一貫して児童生徒数は減少傾向をたどっていきました。

なお、盲・聾学校の義務制が学年進行で進むにつれ、施設設備の整備や就学奨励費、教員養成等取り組むべき課題が山積していたので、これらの整備に力が注がれていきました。

### 4）特殊学級整備の動向

1945年以前の特殊学級（養護学級）についてみると、1944年には、小・中学校合わせて2,500学級程度あったという統計が残っていますが、第二次世界大戦の影響で1945年にはほとんど皆無の状況となってしまいました。

戦後における知的障害児のための学級は、1946年4月、東京都渋谷区大

和田国民学校における養護学級の復活が最初とされていますが、その後は様々な形の戦後復興が喫緊の課題であったため、特殊学級の整備はなかなか進みませんでした。しかしながら、戦後の2部授業やすし詰め学級などの悪条件による学力低下を解消することを狙った能力別学級編成のひとつとして、特殊学級を置くということもあって、1948（昭和23）年度に小学校222学級、中学校17学級、1949年度に小学校484学級、中学校26学級、1950年度に小学校602学級、中学校49学級と徐々に増加していったのです。

## (2) 養護学校の整備と障害児教育の充実

### 1）養護学校整備の動向

　学校教育法において、養護学校が義務教育の場である点を明らかにしましたが、学校の整備がまったくできていないという状況に鑑み、政令で義務教育移行の時期を規定することとしていました。このような状況の中で、養護学校の設置はなかなか進みませんでしたが、1949（昭和24）年度に初めて千葉県に身体虚弱児のための養護学校が認可されたのを皮切りに、いくつかの養護学校が設立されました。しかし、都道府県に設置義務が課されていないため、設置数の増加は遅々としたものでした。

### 2）公立養護学校整備特別措置法の制定

　都道府県に公立の養護学校が整備されない限り、義務制の実施をみることができないことから、関係者は一丸となって養護学校の整備を国に働きかけました。その結果1956（昭和31）年に「公立養護学校整備特別措置法」が制定され、養護学校を整備する際、義務教育に属する学校ではないが、義務教育諸学校と同様の国庫補助が受けられる体制ができ、これを境に全国の養護学校整備が進展していったのです。その後も様々な形で養護学校や特殊学級の整備のための施策が講じられ、年々特殊学級や養護学校の数は増加していきました。

### 3）就学指導の整備と充実

　1958（昭和33）年、学校における保健管理制度全般にわたる基本事項を定めた「学校保健法」が制定されました。この法律によって、翌学年に学齢に

達する児童の就学時の健康診断に基づき、市町村の教育委員会は、盲・聾・養護学校への就学に関する指導や就学義務の猶予・免除の措置を行わなければならないこととなったのです。

こうした就学指導の経過のなかで、盲学校や聾学校の教員が就学時の児童の保護者の相談等に関わったり、あるいは小・中学校に在籍している児童生徒の状況を市町村教育委員会や都道府県教育委員会の委嘱を受けて相談に関わるような事例が多くみられるようになっていきます。こうした関わりが特殊教育諸学校の地域におけるセンター化への先駆けの一翼を担ったとみることができるでしょう。

さらに1961（昭和36）年10月に、学校教育法の一部が改正され、その第71条の2に特殊教育諸学校で教育すべき者の心身の故障の程度を政令で定めることが規定されました。この規定を受けて、1962年3月に学校教育法施行規則の一部が改正され、その第22条の2において、盲者、聾者、精神薄弱者、肢体不自由者、病弱者の区分ごとに、特殊教育諸学校で教育すべき心身の故障の程度が規定されたのです。

### 4）児童生徒の心身障害に関する調査

昭和30年代後半以降において、特殊教育の量的拡大が進むにつれて、より細かな対応の必要性が認識されていきます。こうした機運を受けて、1967（昭和42）年に心身障害児に対する実態調査を実施し、それに基づく特殊教育充実のための施策が講じられたのです。この年の調査においては、特殊教育の対象となる視覚障害児0.08％、聴覚障害児0.11％、精神薄弱児（当時の表現）2.07％、肢体不自由児0.18％、病弱・身体虚弱児0.49％、言語障害児0.33％、情緒障害児0.43％、合計3.69％という結果が明らかにされました。この調査結果を受けて、文部省（当時）は、「特殊教育推進地区」を指定して重点的に支援を行いました。

### 5）養護学校義務制に向けての施策の展開

関係者の様々な努力を背景に行政の施策が展開され、1973（昭和48）年に「学校教育法中養護学校における就学義務及び養護学校の設置義務に関する部分の施行期日を定める政令」が公布されました。これにより、養護学校に

おける就学義務及び養護学校の設置義務を 1979（昭和 54）年 4 月 1 日から施行すると予告されたのです。

　ちなみに、1979 年度の養護学校数と在籍児童生徒数を列挙すると、精神薄弱養護学校（学校数：400、児童生徒数：40,607）、肢体不自由養護学校（学校数：158、児童生徒数：19,871）、病弱養護学校（学校数：96、児童生徒数：8,313）という状況でした。

　なお、特別支援学校に移行する前の 2006（平成 18）年度における養護学校数と在籍児童生徒数も列挙すると、知的障害養護学校（学校数：543、児童生徒数：71,453）、肢体不自由養護学校（学校数：197、児童生徒数：18,717）、病弱養護学校（学校数：91、児童生徒数：4,190）という統計が残っています。

**6）養護学校義務制以降における障害児教育**

　その後、2006（平成 18）年 6 月に、障害種別による学校の区分をなくして、いわゆる学習障害や自閉症等の発達障害も含めた特別な教育的ニーズを抱える児童生徒に、適切な教育指導と必要な支援を行うための「学校教育法等の一部を改正する法律」が成立し、翌年の 2007 年 4 月に施行されました。これにより「特殊教育諸学校」は「特別支援学校」に改称し、「特殊教育」は「特別支援教育」に改められて現在に至っています。

## 3　統合教育（integrated education）への志向

　昭和 40（1965 ～）年代に入ると、障害のある子供であっても、豊かな経験や人間関係・社会性を養ううえで障害のない子供たちと共に学ぶことが大切だと主張して、実際にそれを実践する事例が散見されるようになっていきます。

　当時の「統合教育」の考え方は、「インクルーシブ教育（inclusive education）」と混同されやすいのですが、「統合教育（integrated education）」は、健常児と障害児の違いを認めたうえで、経験を広め社会性を培ううえで同じ場所で教育するほうが望ましいという主張であり、現在よく耳にする「インクルーシブ教育」とは考え方を異にする点に留意する必要

があります。つまり、インクルーシブ教育とは、「どのような教育の場にいる子供であっても、その障害の有無にかかわらず、一人一人の教育的ニーズに応じた教育を提供することが大切である」という意味の思潮であり、両者の違いを明確にしておくことが大切です。健常と障害との境は簡単に区切れるものでなく、障害者と健常者は連続性をもっていることが明らかになってきた現在、これからは、分離教育でも統合教育でもない、両者を同等の人間として処遇する「スペシャル・ニーズ・エデュケーション（special needs education）」が時代の要請である点に留意しなければなりません。

　いずれにしても、昭和40年代から盲児や聾児の保護者の中に、盲学校や聾学校に就学させるのではなく、地域の小学校で多くの児童と一緒に教育したいと希望する例が散見されるようになり、これを「統合教育」と称して実践する例がみられるようになっていきます。また、こうした統合教育に対して、盲学校や聾学校の教員が専門的な観点から支援するという例もみられるようになります。こうした例も、盲・聾学校の地域におけるセンター的機能の先駆けとみることもできるでしょう。

# 第2節　障害児教育における
　　　　地域のセンター化への試行的実践

## 1　聾学校における先駆け的取組み

　2006（平成18）年における学校教育法の一部改正によって、特別支援学校は在籍する児童生徒の教育を行うほか、地域の小・中学校等に在籍する障害のある児童生徒に対して、「必要な援助又は助言」を行うという方向が打ち出されました（学校教育法第74条）。この規定は、盲学校や聾学校における長年の地域のセンター的役割の実践が学校教育法に反映されたとみることができます。その意味でセンター化の位置付けに果たした盲学校や聾学校の役割は大きいといえるでしょう。

　まず聾学校の取組みについてみますと、昭和40（1965〜）年代に入り、幼稚部において聴覚の活用と口話の基礎学習を行った後、地域の小学校に入学するという例が増えていきます。こうした経緯を経て小学校に入学した聾児に対するフォローを聾学校の教師が行うという事例がかなりみられるようになっていきます。こうした事例は、残念ながら組織的な取組みにまで発展したという経緯を表す史実はほとんど残っていないのですが、特別支援学校のセンター的位置づけを促進するための先駆けになったものと思われます。

## 2　盲学校における先駆け的取組み

### (1) 入学勧誘を主な目的とした取組み

　次に、盲学校の実践を例に、地域のセンター的役割の先駆け的取組みを解説してみたいと思います。

　盲学校が地域における視覚障害児の支援を行ってきた歴史を遡ると、1958（昭和33）年以来とその歴史は古いのですが、昭和40年代の前半までは、盲学校への入学勧誘の色彩が強い関わり方であったといえます。幼児や義務教育年齢段階の児童生徒を対象とした教育相談は、主として視覚障害の状態の確認にもとづき、盲学校の良さをアピールして、できるだけ早く盲学校への入学を勧めるというものでしたし、中学校卒業後の視覚障害者や中途失明者に対しては、職業教育の場を提供するための入学勧誘が中心でした。

### (2) 昭和40年代から養護学校義務制実施前までの取組み

　次に、日本弱視教育研究会の研究誌である『弱視教育』（1963年創刊）での報告から、動向をたどってみます。

　センター方式に大きな影響を与える報告が『弱視教育』に最初に掲載されたのは、1968（昭和43）年度発行の第6巻第4号の「巡回教師方式による普通学校内弱視教育（その1）」、第6巻第5号の「巡回教師方式による普通学校内弱視教育（その2）」及び1969年度発行の第7巻第5号の「弱視教育における『巡回指導方式』について」（いずれも東北大学視覚欠陥学教室の報告）でした。これらの報告において、盲学校に集めて教育するという方策よりは、できるだけ多くの子供と切磋琢磨できる小・中学校で教育するという方向が望ましいこと、特別な配慮のもとに行われる普通教育を志向すべきであること、特に広域に点在する軽度の弱視児に関しては、専門の教師が巡回して適切な教材や指導方法等を支援するという巡回指導方式が望ましいこと等を示し、①地域への巡回指導方式の意義、②具体的な巡回指導方式の経過と指導の成果、③巡回指導方式の4つの類型等が提言されています。

　これらの論文を貫いている思想は、軽度の視覚障害児の場合は、できるだけ小学校や中学校の通常の学級で指導することが大切であり、それを巡回教師等がどのようにサポートすればよいかの方策を検討すべきであるという立場に立ったものでした。盲学校の中でどのように弱視教育を行うべきか、また、小・中学校に弱視学級を普及させてこの教育をいかにして充実させていくかに最も関心が払われていた時期、この巡回指導方式の意義とその方法に

関する実践的提案を行った点は、まさに未来の障害児教育を志向するものとして注目に値する報告とみることができます。また、盲学校の地域における視覚障害教育のセンター的役割の構想に大きな影響を与えた報告であったといえるでしょう。

　さらに、1972（昭和47）年度発行の第10巻第6号の「弱視教育のあり方を求めて」（札幌市立創成小学校の報告）と題するセンター方式による弱視教育の実践や、「リソースルーム方式による弱視教育」（仙台市立立町小学校の報告）と題する実践は、拠点校からの支援による弱視教育の在り方を示した資料であり、盲学校のセンター化の方向に影響を与えた論文といえます。

　また、1973（昭和48）年度発行の第11巻第3号の「弱視教育相談室の業務と実施結果」（山形県立山形盲学校の実践）と題する報告は、教育委員会との連携のもと、県下の小・中学生を対象として視力検査や眼科医の健診を行い、必要に応じて学習面や生活面に関する相談・指導を行うという性格のものですが、山形盲学校の「斜視療育学級」の入級者も含めて盲学校への入学勧誘の色彩が強い活動ともとれるものでした。

　盲学校のセンター的機能に関する継続的実践の先駆けとして登場するのは、大阪府立盲学校（現・大阪府立大阪南視覚支援学校）における巡回指導の試みでした。長くこの巡回指導の実践に携わった浅野仁一郎は、数度にわたってその実践を『弱視教育』に投稿していますが、その最初は第11巻第5号（1973［昭和47］年度）に掲載されている「小・中学校における巡回指導の試み」でした。これは、過去3年間にわたる大阪府南半分の地域を対象とした小・中学校に対する巡回指導の実践報告という位置付けですが、教育委員会等の協力のもとに、特別な指導を必要とする弱視児の在籍状況を把握し、その中から支援を必要としているいくつかの小学校に出向いて過去3年の間に、約70名に対する巡回指導を行った実践報告です。支援の頻度は、児童生徒の実態に応じて多様ですが、概ね次のA〜Eの5段階に分けて対応してきた実践でした。

　A：毎週何度か定期的に巡回し、学習指導等を直接行う。
　B：学期に数回、定期的又は不定期的に巡回し、直接指導や担任あるいは

　　保護者に助言する。

C：毎学期定期的に巡回し、相談に応じる。

D：毎学年定期的に巡回し、相談に応じる。

E：必要に応じて通信手段等により相談に応じる。

　この実践から、巡回指導の成果はかなり認められるので、制度化してもらいたいと要望しています。

　次いで浅野は、大阪府立盲学校における巡回指導の実践を、「巡回指導における実践報告（その1）」から「巡回指導における実践報告（その5）」（第13巻第2号〜第15巻第6号、1975〜77年度発行）の5回にわたって巡回指導の事例を丹念に報告しており、拠点校から地域の小・中学校に支援をしていくうえで大切な多くの示唆に富んだ報告を行っています。

　また、大阪府立盲学校の取組みと時期を同じくして、山形県立山形盲学校においても「本校の視覚障害センターとしての教育相談」（第13巻第2号、1975年度発行）というまさに盲学校のセンター的取組みの実践報告がなされています。この報告は、1969（昭和44）年度から盲学校内に県教委から委託された「教育相談室」を設け、県内の小・中学校児童生徒を対象とした総合的な教育相談活動を行ってきたという取組みですが、あくまでも適正就学の視点からのアプローチが中心的課題でした。しかし、地域の視覚障害児に対して、医学的・教育的・福祉的観点から情報提供と指導を試みているという点で、盲学校のセンター的役割の先駆けとして重要な実践であったといえるでしょう。

## 3　センター化構想の台頭

### (1) 養護学校教育義務制以降の状況の変化

　さて以上述べたように、地域の小・中学校に在籍する視覚障害児に対する支援の試みは様々に行われてきましたが、積極的な支援を意図した組織的取組みの輪が広がりをみせるのは、1979（昭和54）年度からの養護学校教育義務制以降であったとみることができるでしょう。

養護学校教育の義務制が実施されて以降、盲学校の児童生徒数は年々減少するとともに、在籍児童生徒中に占める重複障害児の比率が急速に高まっていきます。こうした中で、小・中学部の1学級の児童生徒数が1名ないし2名という学校が大半を占めるようになり、このような教育環境では社会性や人間関係を陶冶することが難しいと感じる教師が増え、盲学校に集めて教育する方向から、地域の小・中学校に在籍する視覚障害児に対して支援を行う方向が望ましいのではないかと考える教師が増えていったのです。こうした経緯を、研究誌『弱視教育』に掲載された報告から探ってみたいと思います。

## 1）児童生徒の減少傾向とセンター化構想の台頭

さて、盲学校の児童生徒数は、1959（昭和34）年度の在籍者数1万264名をピークとして年々減少の一途をたどっていきますが、なかでも1975（昭和50）年度以降における小・中学部児童生徒の減少傾向は著しく、加えて児童生徒中に占める重複障害児の比率が年々増加し、学校経営上も大きな課題となります。

この時期、校長会などの会合においては、児童生徒数の確保策が様々に議論されますが、解決策はほとんど見出せない状況でした。そのようななか、盲学校に子供を集めて教育するという方策のみならず、盲学校のこれまでの実績、すなわち地域の視覚障害児童生徒等に対して教育相談などを通して様々な支援を行ってきたという実績を踏まえて、地域支援の拠点校としての役割を積極的に打ち出していくべきだという「盲学校のセンター化構想」が台頭していきます。しかしながら一方においては、在籍している児童生徒に対する教育で手いっぱいなので、地域にまで目を向けたサービスは、教員定数の保障がない限り困難であるという強い抵抗もみられました。こうした抵抗は昭和50年代の後半から平成の初期の年代まで続きますが、それ以降においては、センター化に向けた実践に大きく方向転換していくのです。

## 2）実態把握のための調査

ところで、盲学校が地域のセンター的役割を果たすためには、その地域のどの小・中学校に視覚障害児が在籍しているか等のデータが必要です。そのため、いくつかの地域において実態を把握する目的で調査が行われた経緯が

あります。特に1991（平成3）年7月に、「通級学級に関する調査研究協力者会議」の中間まとめが公表され、言語障害、難聴、弱視、情緒障害、肢体不自由、病弱・虚弱の一部については、通級学級において指導したり巡回によって指導したりするのが適当であることや、通級学級が地域にない場合は、盲学校等への通級や盲学校等からの巡回もあり得ること等が示されると、いくつかの盲学校においては、地域に点在する視覚障害児の実態を把握するための組織的調査を行う動きがみられるようになりました。これらの調査の詳細がすべて『弱視教育』に掲載されているわけではありませんが、第30巻第4号（1992年度発行）に「熊本県内の小学校に在籍する視覚障害児の実態調査」と題する研究が掲載されており、以後における各地の実態把握の実践に大きな影響を与えました。この調査研究は、1次調査と2次調査に分かれており、1次調査で県内の弱視児の実態（視力等と人数）を把握し、2次調査でこれらの児童の在籍する学校に出かけて直接面接するなどして日ごろの学習の状況や困難点等を把握し、必要な情報を提供するなどの対応を行っています。

### 3）通級制度の実施とセンター化への取組みの加速

　先に紹介した「通級学級に関する調査研究協力者会議」の最終報告（1992［平成4］年3月）を受けて、1993年度から通級による指導が制度化されると、盲学校における地域のセンター化への方向は一気に加速され、『弱視教育』においても様々な研究成果の報告が数多くみられるようになります。これらの研究は、「通級による指導」「教育相談」「サマーキャンプ」「巡回指導」「ネットワークの構築」「小中学校における在籍状況の把握」「小中学校に在籍する弱視児への支援」「センター化の在り方」「訪問による指導」「理解・啓発資料の作成」等表題は多様ですが、いずれもセンター化の内容を含むものであり、この時期から今日まで、毎年1回開催される「弱視教育研究全国大会」における発表の中心的課題になってきています。

　また、1996（平成8）年1月開催の「第37回弱視教育研究全国大会（東京大会）」以降は、2つのテーマ別分科会が設けられていますが、いずれの大会においてもテーマのひとつには、教育相談にかかる実践やセンター的役割の

実践をどのように進めたらよいかが取り上げられて今日に至っています。

## 4）学習指導要領における地域のセンター的役割の規定

　以上述べたような実践が評価され、1999（平成11）年改訂の「盲学校、聾学校及び養護学校小学部・中学部学習指導要領」において、総則の「第2節教育課程の編成」の「第7指導計画の作成に当たって配慮すべき事項」の(12)に、「地域の実態や家庭の要請等により、障害のある児童若しくは生徒又はその保護者に対して教育相談を行うなど、各学校の教師の専門性や施設・設備を生かした地域における特殊教育に関する相談のセンターとしての役割を果たすよう努めること」と規定され、センター的機能が盲学校や聾学校のみならず、すべての特殊教育諸学校の努力目標として規定されたのです。これは、学校教育法改正に先駆けてセンター的機能を明文化したものとして注目に値するものでした。

引用・参考文献（1章）
・教育改革国民会議（2000）「教育改革国民会議報告―教育を変える17の提案」。
・文部省（1978）「特殊教育百年史」、東洋館出版社。
・文部科学省（2004）「小・中学校におけるLD（学習障害）、ADHD（注意欠陥／多動性障害）、高機能自閉症の児童生徒への教育支援体制の整備のためのガイドライン（試案）」。
・文部科学省（2007）「学校教育法等の一部を改正する法律の施行に伴う関係政令等の整備について（通知）」。
・日本弱視教育研究会（1968〜1996）『弱視教育』、掲載論文より。
・21世紀の特殊教育の在り方に関する調査研究協力者会議（2000）「21世紀の特殊教育の在り方について（最終報告）」。
・心身障害児教育財団（1981）「特殊教育30年の歩み」、教育出版。
・特別支援教育の在り方に関する調査研究協力者会議（2003）「今後の特別支援教育の在り方について（最終報告）」。
・全国心身障害児福祉財団（2004）「特別支援教育実践ハンドブック」。

# 第2章
## 特別支援教育とインクルーシブ教育

# 第1節　特殊教育から特別支援教育へ

## 1　国際情勢の変化と我が国の対応

　障害児に関する教育の権利や教育の場に関わる国内外の条約、法令をまとめたものを表2-1に示しました。以下、年代ごとの動向を記します。

### (1) 1970年代の動向

　この時代以前は、世界の各地で障害者に対して大規模施設での隔離的処遇が行われていましたが、1970年代にはバンク‐ミケルセンによる、いわゆる「ノーマライゼーション」の理念が世界各国で浸透し始めます。1975年には国際連合により「障害者の権利に関する宣言」が採択され、同機関は1979年に「障害者年行動計画」を提出します。「地域社会からの断絶」から脱却し、個々の障害のある方の基本的な人権の重要性が問われることになります。

　国内の障害児教育の領域では、戦後いち早く義務制が進んだ盲・聾学校に比べて、養護学校（肢体・知的・病弱）の整備は大きく出遅れました。しかし、少しずつ学校数は確保されるようになり、1979（昭和54）年に養護学校の義務教育制が叶います。これにより特殊教育にかかる障害児の「就学免除・猶予」についても、改善がみられ始めました。

### (2) 1980年代の動向

　「障害者の完全参加と平等」というテーマを掲げた「国際障害者年（1981年）」や「国連・障害者の十年（1983―1992年）」により、障害者の人権を確保すべく、障害の発見、生活支援、雇用など、広範囲に及ぶ障害者施策が提

唱されます。訓練・治療などリハビリテーションのニュアンスが強い時代でしたが、現在の障害児教育の原型も包含されていきます。

　国内では、この頃から障害者の権利に関わる国際的な動向の影響を受け始めます。1982（昭和59）年には、「障害者対策に関する長期計画」にて、早

表２‐１　国際情勢の変化と我が国の対応

| | 我が国の対応 | | 国際情勢 | |
|---|---|---|---|---|
| 1970- | | | ・1975年 | 国連が「障害者の権利に関する宣言」を採択 |
| | | | ・1976年 | 1981年を国際障害者年とすることを決定（国連） |
| 1980- | ・1982年 | 障害者対策に関する長期計画 | ・1982年 | 障害者に関する世界行動計画（国連） |
| | | | ・1983年 | 国連・障害者の十年 |
| 1990- | ・1993年 | 障害者対策に関する新長期計画（10か年） | ・1993年 | 障害者の機会均等化に関する基準規則（国連） |
| | ・1993年 | 心身障害者対策基本法→障害者基本法 | ・1994年 | サマランカ宣言（ユネスコ） |
| | ・1995年 | 障害者プラン：ノーマライゼーション7か年戦略 | | |
| 2000- | | | ・2001年 | ICIDHからICFへ（WHO） |
| | | | ・2001年 | 障害者の権利に関する条約のコンセンサス採択（国連） |
| | | | ・2004年 | 障害者の権利に関する条約の草案（国連） |
| | ・2005年 | 発達障害者支援法 | ・2005年 | インクルージョンに向けたガイドライン（UNESCO） |
| | ・2006年 | 学校教育法の一部改正 | | |
| | ・2007年 | 障害者の権利に関する条約の日本国政府署名 | ・2006年 | 障害者の権利に関する条約採択（国連） |
| | ・2007年 | 特別支援教育 | ・2008年 | 権利条約を20か国が批准し、発効に至る |
| 2010- | ・2011年 | 障害者基本法改正 | | |
| | ・2012年 | 共生社会の形成に向けたインクルーシブ教育システム構築のための特別支援教育の推進（報告） | | |
| | ・2013年 | 学校教育法施行令の一部改正（就学関係） | | |
| | ・2014年 | 障害者の権利に関する条約を批准 | | |
| | ・2016年 | 障害者差別解消法 | | |
| | | | ・2019年 | 8月現在、批准国・地域162（外務省HP調べ） |

期発見を含めた保健医療、生活を支える福祉、雇用など多くの分野で具体的な行動計画が立てられます。教育の分野でも、教員、児童・生徒数の定数や日々の教育方法などの質的向上、施設や予算面の充実など多くの検討が行われます。戦後より、一部の先駆的な学校・施設で積み重ねられてきた実践の成果が、全国的に広がり始めた重要なタイミングでした。

## (3) 1990年代の動向

1982年の「障害者に関する世界行動計画」を具体化すべく、国連は1993年に「障害者の機会均等化に関する基準規則」を提示します。障害者が当たり前の社会生活を送るうえで生じる様々な活動機会の均等化を図るために、国際的な基準やルールを示したものです。またユネスコによる「サマランカ宣言」により、障害のある子供、貧困の状態にある子供、天才児などを含めて、学校という場所が「すべての人のため」にあることの重要性と、そのための取組みの必要性が表明されます。「インクルージョン」という概念の国際的な受容にも寄与しました。

国内では、1980年代に引き続き、複数領域にまたがる行動計画が立てられます。1993年「障害者対策に関する新長期計画（10か年）」では、教職員の指導力の向上に加えて、それまで言語・難聴・弱視等の領域が独自に行ってきた通常学級への巡回指導、つまり「通級による指導」の充実を強く求めます。同年、この「通級による指導」は、言語障害等の子供に限定されていたものの、障害児教育の一制度として公的に位置づきました。「通常学級における教育か、それとも特別な場所における教育か」という二分法に関わる議論に一石が投じられたとみることができるのではないでしょうか。

## (4) 2000年代の動向

2000年代は、世界保健機構（WHO）による国際障害分類（ICIDH）から国際生活機能分類（ICF）への転換、「障害者の権利に関する条約」（以下、障害者の権利条約）の発効に向けた取組みが開始されるなど、歴史上大きな転換点でもありました。2001年12月に国連にて採択された障害者の権利条約の

決議案は2006年に採択、2008年に20の国が批准し発効に至ります。同条約では、その第24条に「教育」のセクションが設けられ、あらゆる段階において障害を理由として障害者が教育制度一般から排除されないことなどが述べられました。

　国内では、2002（平成14）年に認定就学者制度が導入され、また、障害者の権利条約の批准に向けた取組みが始まるなど、国際的な潮流への接近が進みます。ただし、少なくとも教育の領域では「特殊教育から特別支援教育へ」という一大改革の中で、「発達障害児」への対応がセンセーショナルな側面を持っていたため、上述のような教育の場の選択や人権に関わる内容は、陰に隠れた形にならざるを得ませんでした。それでも、特殊学級や盲・聾・養護学校側が戦後より積み残していた課題の解決に向け、「特別支援学校のセンター化」を含めた新たな取組みが次々に始まります。

### (5) 2010年代の動向

　障害者の権利条約については、2010年に欧州連合が組織として集団批准するとともに、日本を含めた多くの国や地域などが批准するに至っています。これを受けて、各国は福祉・教育・医療・保健など、様々な領域における制度の設計を行っています。

　我が国では障害児教育の第2ステージともいえる「特別支援教育」が始まって数年が経ち、地域の小・中学校等や特別支援学校も〝新しい価値観と体制〟に少しずつ慣れていきます。そして、この新たな土台のもとで、障害者の権利条約の内容を具現化していくための議論が加速します。2012（平成24）年には「共生社会の形成に向けたインクルーシブ教育システム構築のための特別支援教育の推進（報告）」が出され、就学先決定の方法を含めた大きな提案がなされました。その後、2014年には障害者の権利条約が批准され、また2016年には「障害者差別解消法」が施行されました。

　当たり前の地域社会や生活へのアクセスをうたったノーマライゼーションの理念が国際的に提唱されてから半世紀たった昨今、障害のある子供への処遇は国際的な動向との関係の中で、また特殊教育から特別支援教育への大転

換という我が国特有の事情を抱え込みながらの、度重なる転換といえます。

## 2　特殊教育から特別支援教育への移行と<br>　　地域のセンター的役割

　ここでは 2007（平成 19）年の特別支援教育への転換の際、「特別支援学校のセンター化構想」がいかなる全体的な背景の下で始まったのかを確認していきます。

### (1) 特殊教育から特別支援教育へ

　戦前から続いてきた障害児教育は「特殊教育」と呼ばれてきましたが、その特徴は「場による教育」という一言に集約されます。つまり、障害の種類や程度に応じて、特別な場所で、特別な子供たちに、専門的な技量をもった教員が教育を行うという意味で、かつての養護学校や盲・聾学校は、医療の考え方と似た枠組みに支えられてきました。

　一方、戦後から数十年にわたって特殊教育は細かな改善（マイナーチェンジ）を繰り返してきましたが、上記の枠組みでは太刀打ちしにくいような課題が 1990 年代後半から 2000 年代初頭にかけて浮き彫りになり始めます。文科省による 2001 年の「21 世紀の特殊教育の在り方（最終報告）」や 2003 年の「今後の特別支援教育の在り方（最終報告）」で指摘されていた課題は以下のとおりです。

　　①　養護学校、特殊学級に在籍する児童生徒の増加。養護学校のマンモ<br>　　　　ス化
　　②　盲、聾、養護学校に在籍する児童生徒の障害の重度重複化
　　③　医療的ケアを必要とする児童生徒の増加
　　④　盲、聾、養護学校に所属する教員の免許状保有率の低さ

　これらの問題だけであれば従前のマイナーチェンジにて対処していた可能性もあったと推測します。しかし、この頃話題になり始めた「発達障害」のある子供の存在への気づきは、障害児教育の大前提を覆すほどの決定的なも

のでした。文部科学省は 2002（平成 14）年に「通常の学級に在籍する特別な教育的支援を必要とする児童生徒に関する全国実態調査」の結果を示し（文部科学省、2002）、そこで初めて学習障害、注意欠陥多動性障害、高機能自閉症（いずれも当時の表記）の可能性のある子供たちが、通常学級に 6.3％在籍していることを指摘しました。「特別な場による教育」を前提とした従前の特殊教育の枠組みでは、予算や人材保障の点から見ても、これらの子供たちの対応は難しく、国際的な教育の動向と照らし合わせても、教育の前提まで掘り下げた一大改革が求められました。これにより 2000 年初頭に、「場による教育」から「個々の子供の教育的ニーズに応じた教育」への転換が求められるようになります。

## (2)「みんなで」という意識変革を促すための特別支援教育体制整備

　児童生徒の教育的ニーズに応じた教育を実現させるうえでは、障害児教育に携わる教員に限らず、多様な専門職、地域社会の構成員、そして保護者との協力関係、つまり「子供のためにみんなで」という価値観が求められます。しかし「障害のある子供は、専門家が特別な場所で」という前提が広く深く浸透している状況にあっては、その価値観の浸透は必ずしも容易なものではありませんでした。

　例えば、2007 年に特別支援教育が始まる前後にて、通常学級の教員に「通常学級にも発達障害のある子供がいますので、支援を……」と言っても、「うちのクラスに障害のある子供はいませんので」「ついていけないのなら別の学校に行くべきではないですか」と返答されることも少なくはありませんでした。「校内で他の先生方と協力して」と言っても、「隣の先生のやっていることに口出しなんてできません。クラスのことはクラスの先生がすべて責任をもつ」という言葉もありました。この現状をスタートラインとして、「個々の教育的ニーズに応じた教育」を目指さなければいけなかったのです。「みんなでやっていきましょう」と唱えるだけでは、変わるはずもありません。そこで幼稚園、小学校、中学校、高等学校、中等教育学校及び特別支援学校において、発達障害を含むすべての障害のある幼児児童生徒の特別支援

教育を総合的に進めるべく体制整備が始まります。その構想は特別支援教育が始まる前の2000年初頭には既に始まっていました（例えば、藤田、2002。肥後、2005）。

　例えば小学校等では、外部資源に依存しすぎることなく、教員間での問題解決能力を向上させるべく「校内（支援）委員会」の設置や、「コーディネーター」の指名、「個別の指導計画」などの作成、「専門家チーム」の受け入れなどが要請されます。特別支援学校でも「障害種にとらわれない学校の設置」、そして特殊教育の時代より蓄えてきた専門性を地域の学校に還元すべく「センター的役割」を担うこと、が新たに求められるようになりました。一見すると、地域の小・中学校と特別支援学校とで求められた体制整備はそれぞれ独立したものであるように思えます。しかし、そこには共通する理念、つまり「各々の立場や専門性を超えて、対等な立場で協力し合い、子供を支える」があったことを見逃すわけにはいきません。

　なお「センター的機能」については、特段、盲・聾教育の分野ではその原形は戦後、少なくとも昭和40年代には認められます。既に多くの実績を有した状況で、特別支援教育構想のひとつのパーツとして取り上げられた経緯に気づくことは非常に重要です。詳細については、第1章第2節を参照してください。

### (3) 特別支援教育という大船を動かす波と風：地域の学校の 「校内支援体制」、そして特別支援学校の「センター的機能」

　すべての子供たちに対する特別支援教育を推進していくためには、地域の小学校等と特別支援学校がつながる仕組みが必要です。先述の特別支援教育体制を踏まえれば、小学校などの側では「校内支援体制」が、特別支援学校側では「センター的機能」がそれぞれ機能し、相互に関連付けられるべきでしょう。図2-1にその状態のモデルを示しました。生活上、教育上のニーズをもった幼児児童生徒を見ていくうえで、一人の教員の力には限りがあることから、小学校等では「校内支援委員会」を中心に組織を作り、校内の教員同士で問題解決を図ることが求められます。ただし、既存の教員だけではど

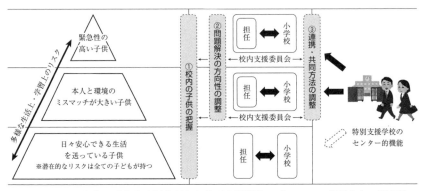

図2-1　小学校等の「校内支援体制」と特別支援学校の「センター的機能」の関係性

うしても対応しにくい子供たち（図2-1のピラミッドの最上部の層）や、専門家からのフォローが必要な子供たち（中間層）に対しては、特別支援学校のセンター的機能によって、間接的な支援や直接的な指導を求めることもできるというものです。

　ただし、こうした機関内や機関間の連携については、気をつけなければいけないことがあります。「意識（ソフト面）の変革が行われる」ことを期待してハード面の体制整備が進められたにもかかわらず、実際には「ただ体制を整備しました、作りました」で終わり、形骸化している学校が散見されます。具体的には、校内支援委員会を作ってみたものの、児童生徒らの実態把握にとどまり、問題解決を志向する状況にはない学校があります。またセンター的機能を活用した支援学校と小学校等との連携についても、校内の多数の気になるケースが校内支援委員会や管理職によって選別されることなく、「心配だからこの子もあの子も相談しよう」「専門家に聞けば大丈夫」と、既存の資源内での問題解決力には目もくれず、専門家への〝支援の外注〟が横行している場合もあります。一方で「地域のために」という使命をもつ特別支援学校の教員は多くの相談を受け入れるわけですが、あまりにも多くの支援の要請（外注）は、特別支援学校側の質の高い支援提供を困難なものへとならしめています。

　各実践校に〝投げられた〟特別支援教育体制について、国は量的な実態調

査を10年以上継続して行っています。一方で、その質や成果については十分に議論されていません。特別支援教育が始まり既に10年以上が経過しています。今、地域の小・中学校等や特別支援学校は、しっかりと立ちどまり、自らの足元を見るタイミングであるはずです。

## 3　特別支援教育とインクルーシブ教育システムへの期待

　上述のように、2012年7月に中教審初等中等教育分科会より「共生社会の形成に向けたインクルーシブ教育システム構築のための特別支援教育の推進（報告）」が出され、2014年の「障害者の権利に関する条約」の批准に向けた追い風となりました。

　表2-2に、2007年より始まった特別支援教育の概要とこのインクルーシブ教育システムの概要を抜粋しました。インクルーシブ教育システムの説明では、同条約第24条「教育」により障害のある子供が通常の教育環境に全面的に参加することが要請されたことを受け、「教育の場」とそこでの教育の在り方に関わる文言が表現されています（表内の下線部）。それ以外の部分では、双方に大きな食い違いはありません。改めて上記報告のタイトルを分解

表2-2　インクルーシブ教育と特別支援教育の比較

| インクルーシブ教育 | 特別支援教育 |
| --- | --- |
| インクルーシブ教育システムにおいては、同じ場で共に学ぶことを追求するとともに、個別の教育的ニーズのある幼児児童生徒に対して、自立と社会参加を見据えて、その時点で教育的ニーズに最も的確に応える指導を提供できる、多様で柔軟な仕組みを整備することが重要である。小・中学校における通常の学級、通級による指導、特別支援学級、特別支援学校といった、連続性のある「多様な学びの場」を用意しておくことが必要である。（下線は筆者追記） | 「特別支援教育」とは、障害のある幼児児童生徒の自立や社会参加に向けた主体的な取組を支援するという視点に立ち、幼児児童生徒一人一人の教育的ニーズを把握し、その持てる力を高め、生活や学習上の困難を改善又は克服するため、適切な指導及び必要な支援を行うものである。 |
| 出典：文部科学省（2012）より。 | 出典：文部科学省（2005）より。 |

すると、「インクルーシブ教育システム構築」のために、「特別支援教育を進める」となります。障害児に対する教育の拡充に向けては新たな企てを行うということではなく、既存の特別支援教育を土台とする方向性が示されているということです。

　ただし、諸々の国内事情、特に発達障害のある子供への対応を契機として、大転換に至った特別支援教育と、障害者の権利条約の批准に向けたインクルーシブ教育システムとは、完全に一致しているわけではありませんので、いくつか気をつけないといけないこともあるでしょう。例えば、インクルーシブ教育システムでは、根本的には障害児だけを対象としているのではなく、未だ学習上の様々な困難を有する外国籍児童、移民難民、第二言語学習者、貧困層、などすべての子供を含み、包み込むことのできる教育制度全体の在り方を問うています。特別支援教育への転換やその後の施策では、障害の種類や程度によって、画一的であった就学の流れにも一定の幅がもたれるようになり、また共同学習や居住地校交流等を含めて、障害のある子供を地域の小・中学校側に包み込むための方策が多く議論されるようになりました。しかし、現実的には「ただ一緒にいるだけ（単純な場への統合）」というレベルに留まることも多く、障害者の権利条約が求める内容——通常教育の変革に基づき多様な子どもたちを包摂できる教育——とのギャップも確かにありそうです。

　過去50年以上に及んだ特殊教育、既に助走区間を飛び出した特別支援教育、そしてその先のインクルーシブ教育システム。これらがうまくつながっていくためにも、いわゆる通常教育側と障害児教育側がお互いに目指すべき方向性を合わせていく必要があります。このためには、例えば教師の教育観の醸成について、免許取得段階での教員養成の在り方にまで遡った議論も必要かもしれません。こう聞くと「価値観が固まってしまった現職教員では難しいのではないか」と指摘されそうですが、ここで特別支援学校の「センター的機能」の存在が大きな意味をもちます。

　センター的機能は、いまだ二分されがちな小・中学校等の教員と特別支援学校教員がつながる数少ない接点です。専門性を異にしつつ、双方の教員が

「教える―教わる」という関係を超えて協同するプロセスの中で、いったいどのような価値観が形成されていくのか。これを注意深くみていく必要があります。あるいは戦略をもって取り組むことが望まれます。このために、まず私たちができることのひとつは、特別支援教育への転換期に打ち出された、小・中学校側の「校内支援体制」と特別支援学校の「センター的機能」の2つを〝つながった両輪〟として位置づけることではないでしょうか。

引用・参考文献
・藤田直子（2002）「校内支援委員会による支援の実際」、『LD&ADHD』2002年10月号、15-18頁。
・肥後祥治（2005）「第2章　問題解決を用いた実践」、干川隆（編著）『通常の学級にいる気になる子への支援――校内支援体制と支援の可能性』明治図書、45-57頁。
・文部科学省（2002）「『通常の学級に在籍する特別な教育的支援を必要とする児童生徒に関する全国実態調査』調査結果」https://www.mext.go.jp/b_menu/shingi/chousa/shotou/054/shiryo/attach/1361231.htm（2020年12月21日確認）
・文部科学省（2005）「特別支援教育を推進するための制度の在り方について（答申）」https://www.mext.go.jp/b_menu/shingi/chukyo/chukyo0/toushin/05120801.htm（2020年12月21日確認）
・文部科学省（2012）「共生社会の形成に向けたインクルーシブ教育システム構築のための特別支援教育の推進（報告）」https://www.mext.go.jp/b_menu/shingi/chukyo/chukyo3/044/attach/1321668.htm（2020年12月21日確認）

# 第2節　特別支援教育の現状と質的向上を目指す課題

## 1　統計的にみた、小・中学校に在籍する特別なニーズのある児童生徒の現状と課題

　特別支援教育元年ともいわれる2007（平成19）年に、文部科学省が発出した「特別支援教育の推進について（通知）」に示されている特別支援教育の理念のもと、障害による特別の教育的ニーズのある児童生徒は、小・中学校の特別支援学級や通級による指導はもとより、通常の学級にも多く在籍しています。ここでは、文部科学省が公表している資料等を基に現状と課題について述べます。

### (1) 小・中学校における障害児教育の現状

#### 1）特別支援学級

　特別支援学級の在籍者数は年々増加傾向にあります。2019（令和元）年度において、約27万8,000人が在籍しており、これは義務教育段階の全児童生徒数の2.9％にあたり、10年前と比較すると2.1倍となります（図2-2）。障害種別では、自閉症・情緒障害と知的障害の特別支援学級が群を抜いて多くなっています。学級数は6万6,655学級であり、平均すると1学級4.17人（学級編制は8人1学級）となりますが、障害種によって在籍者数に差異が生じています。例えば、弱視学級では1.16人、自閉症・情緒障害学級では4.64人、学級によっては上限となる8人が在籍している場合もあります（文部科学省、2020a）。

　特別支援学級では、特に必要がある場合に特別の教育課程によることがで

図2-2

| 特別支援学校等の児童生徒の増加の状況 | | 義務教育段階の全児童生徒数 | 平成21年度 1,074万人 |
| --- | --- | --- | --- |

**特別支援学校**

視覚障害　知的障害　病弱・身体虚弱
聴覚障害　肢体不自由

平成21年度
0.6%
（約6万2千人）

1.2倍 →

令和元年度
0.8%
（約7万5千人）

減少傾向 →

令和元年度
973万人

**小学校・中学校**

**特別支援学級**

視覚障害　肢体不自由　自閉症・情緒障害
聴覚障害　病弱・身体虚弱
知的障害　言語障害

平成21年度
1.3%
（約13万5千人）

2.1倍 →

令和元年度
2.9%
（約27万8千人）

令和元年度
5.0%
（約48万6千人）

**通常の学級**

通級による指導

視覚障害　肢体不自由　　自閉症　　　　※平成21年度は公立のみ
聴覚障害　病弱・身体虚弱　学習障害（LD）
言語障害　情緒障害　　　注意欠陥多動性障害（ADHD）

平成21年度
0.5%
（約5万4千人）

2.5倍 →

令和元年度
1.4%
（約13万3千人）

発達障害（LD・ADHD・高機能自閉症等）の可能性のある児童生徒：6.5%程度※の在籍率
※この数値は、平成24年に文部科学省が行った調査において、学級担任を含む複数の教員により判断された回答に基づくものであり、医師の診断によるものでない。

図2-2　特別支援教育対象児童生徒の現状
出典：文部科学省（2020a）より。

きるとされており、ほとんどの学級において自立活動を取り入れたり、各教科等を合わせた指導を行ったりするなどして、個別の指導計画に基づいた教育活動が行われています。

**2）通級による指導**

　通級による指導で学ぶ児童生徒数は、1993（平成5）年の制度発足以来、増加傾向にあり、2019（令和元）年度には約13万3,000人が学んでいます。この数字は、義務教育段階の全児童生徒数の1.4%にあたり、制度発足時に比べると10倍以上、10年前と比較しても2.4倍となり、特別支援学級を上回る増加傾向です（図2-2）。障害種別では言語障害が最も多く、次いで自閉症、注意欠陥多動性障害の順となっています。2018（平成30）年度から高等学校においても通級による指導が制度化されており、2019年度には、全国で787名が通級による指導を受けています（文部科学省、2020b）。

　通級による指導では、特別支援学級同様特別の教育課程を編成し、自立活動を参考にするなどして個別の指導計画に基づいた指導を展開しています。

通級による指導は通常の学級に在籍していることが前提であり、インクルーシブ教育システムの理念により近いものであるため、今後も増加傾向が続くのではないかと思われます。

### 3）通常の学級

　通常の学級に在籍する障害のある児童生徒等に関する近年の統計データはありませんが、2012（平成24）年の文部科学省の「通常の学級に在籍する発達障害の可能性のある特別な教育的支援を必要とする児童生徒に関する調査結果について」（公立小・中学校の通常の学級に在籍する児童生徒を母集団とした調査）によると、質問項目に対して担任教員が回答した内容から、知的発達に遅れはないものの学習面または行動面で著しい困難を示すとされた児童生徒の割合は、推定値で6.5％でした（文部科学省、2012）。これは40人学級で2～3人程度となります。通常の学級では、特別の教育課程を編成することはできませんが、個々の障害の状態等に応じた指導や支援を必要とする児童生徒が在籍しているのです。

　本調査以降、各小・中学校で合理的配慮等に関する理解が進み、インクルーシブ教育システムの構築も進んでいますが、新たな調査が待たれるところです。

## (2) 新しい学習指導要領における特別支援教育に関する記述

　2017（平成29）年3月告示の小学校学習指導要領及び中学校学習指導要領とも、第1章総則において、障害のある児童生徒への指導に関する記述が大幅に改善されました。例えば、特別支援学級及び通級による指導における特別の教育課程の編成にあたっての基本的な考え方や、個別の指導計画及び個別の教育支援計画の作成・活用が新たに明記されました。あわせて解説書もていねいに記述されており、担当教員はもちろんすべての教職員が理解し、教育活動に反映させることが期待されています（表2-3）。

## (3) 今後の課題

### 1）教員の特別支援教育に関する専門性の向上

　特別支援学級及び通級による指導においても、的確な実態把握に基づく具体的な目標の設定、障害の状態等に応じた適切な指導などの専門性が必要不可欠です。しかし、その専門性の根拠指標のひとつである専門の教諭免許状はなく、特別支援学校教諭免許状の保有も必須ではありません。各担当者は、障害のある児童生徒の教育に携わるという自負をもち、教育センター等が実施する各種研修への参加、文部科学省や自治体が発行する手引書等を活用して日々専門性を高めていく必要があります。

### 2）特別支援学校を含む関係諸機関や外部専門家との連携

　必要に応じて校外の専門家等に相談できる体制整備が必要です。特別支援教育のセンター的機能を担っている特別支援学校や、各都道府県や市町にある特別支援教育センター、発達障害者支援センターなどを効果的に活用できるようにしておくことが必要です。

表2-3　新小学校学習指導要領総則における特別支援教育に関する記述
（平成 29 年 3 月 31 日告示）

---

第1章　総則
　第4　児童の発達の支援
　2　特別な配慮を必要とする児童への指導
⑴　障害のある児童などへの指導
　ア　障害のある児童などについては、特別支援学校等の助言又は援助を活用しつつ、個々の児童の障害の状態等に応じた指導内容や指導方法の工夫を組織的かつ計画的に行うものとする。
　イ　特別支援学級において実施する特別の教育課程については、次のとおり編成するものとする。
　（ア）　障害による学習上又は生活上の困難を克服し自立を図るため、特別支援学校小学部・中学部学習指導要領第7章に示す自立活動を取り入れること。
　（イ）　児童の障害の程度や学級の実態等を考慮の上、各教科の目標や内容を下学年の教科の目標や内容に替えたり、各教科を、知的障害者である児童に対する教育を行う特別支援学校の各教科に替えたりするなどして、実態に応じた教育課程を編成すること。
　ウ　障害のある児童に対して、通級による指導を行い、特別の教育課程を編成する場合には、特別支援学校小学部・中学部学習指導要領第7章に示す自立活動の内容を参考とし、具体的な目標や内容を定め、指導を行うものとする。その際、効果的な指導が行われるよう、各教科等と通級による指導との関連を図るなど、教師間の連携に努めるものとする。
　エ　障害のある児童などについては、家庭、地域及び医療や福祉、保健、労働等の業務を行う関係機関との連携を図り、長期的な視点で児童への教育的支援を行うために、個別の教育支援計画を作成し活用することに努めるとともに、各教科等の指導に当たって、個々の児童の実態を的確に把握し、個別の指導計画を作成し活用することに努めるものとする。
　　特に、特別支援学級に在籍する児童や通級による指導を受ける児童については、個々の児童の実態を的確に把握し、個別の教育支援計画や個別の指導計画を作成し、効果的に活用するものとする。

## 2　統計的にみた、特別支援学校のセンター的機能の現状と課題

　特別支援学校のセンター的機能については、以前より盲学校や聾学校を中心に、当該校の教師の専門性や施設・設備を生かして、小・中学校に在籍する弱視児に対する支援や、就学前の幼児を対象とした教育相談等が行われてきました。特別支援学校のセンター的機能の重要性や意義等が、国が設置する特別支援教育に関する有識者会議等で議論され、現在では学習指導要領はもとより、学校教育法にも明記されています。ここでは、その推移の概要及び統計的にみた現状と課題について述べます。

### (1) 特別支援学校のセンター的機能の現状

　文部科学省では、今後の特別支援教育に関する施策の参考とするため、種々の特別支援教育に関する調査を実施していますが、その一環として2007（平成19）年から「特別支援学校のセンター的機能の取組に関する状況」についても調査しています。ここでは、2019年12月に公表された調査結果を紹介します（文部科学省、2019）。本調査は全国公私立特別支援学校（1,031校）を対象に、2017（平成29）年度の取組みについて、①センター的機能のための校内体制の整備（下位項目6）、②センター的機能の取組みの内容（下位項目7）、③相談延べ件数、の3点について調査していますので、以下にその概要を述べます。

### 1）センター的機能のための校内体制の整備

　図2-3に示すように、6項目（その他含む）で調査しています。

　全体的に国公立に比べ、私立の体制整備が依然課題であることがわかります。

　ここでは、公立学校についてみていきます。担当する分掌・組織については、ほとんどの学校が設けています。また、センター的機能の充実のための研修会、地域のニーズを把握する仕組み、特別支援教育コーディネーターの複数配置も8割近くの学校で実施されています。一方、定期的なセンター的

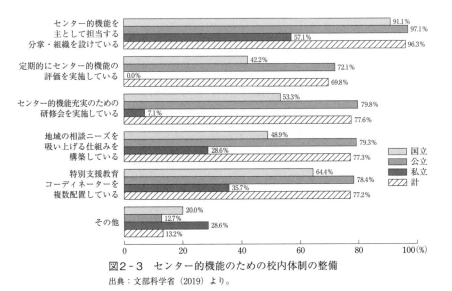

図2-3　センター的機能のための校内体制の整備
出典：文部科学省（2019）より。

機能の評価に関する項目が他項目に比べ低い状況です。各学校がセンターとしての役割を単に実施したという自己満足で終えることなく、真に成果を上げているか、改善すべき点はないか等の評価をしっかり行っていくことが課題といえるでしょう（評価については、第3章を参照）。次にセンター的機能のための校内体制整備の具体な状況を紹介します。

① 特別支援教育コーディネーターの担当授業時間数削減などの配慮を実施
② 全職員が地域支援に関わるような体制の整備
③ 地域支援に関する専門のアドバイザー等を配置
④ 相談事例について、定期的に校内で検討会を開催
⑤ 地域支援検討委員会を毎月開催し、センター的機能に関する現状及び課題を明らかにし、学校としての方向性を確認
⑥ 地域支援、教育相談等の担当教員を特別支援教育コーディネーターとして複数指名し、地域との連絡窓口を一本化

このように各学校で様々な工夫がなされていますが、特に特別支援教育コーディネーターが当該業務に専念できるような人的確保が必要です。

## ２）センター的機能への取組みの内容

　取組みの内容については、図2-4のように７項目で調査しています。

　小・中学校等の教員からの相談対応や研修協力、他校の幼児児童生徒や保護者からの相談対応、関係機関等との連絡・調整などの５項目については、９割を超える学校が取り組んでいます。一方、他校の子供への直接的な指導及び障害のある幼児児童生徒への施設整備等の提供に関する項目がいずれも５割前後に留まっており、今後の改善が望まれます。この背景には、他校の児童生徒への直接的な指導にあたっては兼務発令を要すること、施設整備等の提供については設置者が定める施設管理規則等によらなければならないこと等、学校の工夫や努力だけでは難しい場合もあり、設置者である教育委員会の理解と連携が不可欠です。

## ３）延べ相談件数（公立）

　下記に示すように、学校からの相談も子供や保護者からの相談も１校あたりの相談件数は100件を超えています。

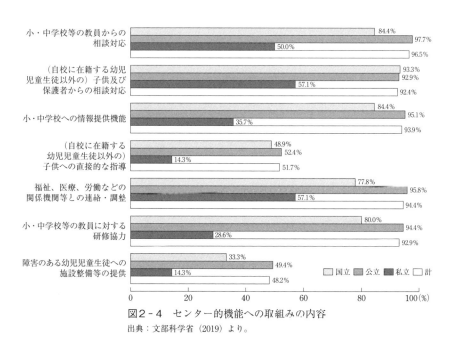

図２-４　センター的機能への取組みの内容

出典：文部科学省（2019）より。

　　○小・中学校等からの相談

　　　相談件数………130,035件　　　　1校あたりの平均件数………134.4件

　　○子供及び保護者からの相談

　　　相談件数………110,789件　　　　1校あたりの平均件数………114.5件

　相談の内容については、本調査の対象ではありませんが、多岐にわたっていることは想像に難くありません。なかには急を要する内容もあると聞いています。いずれにしても、増加傾向にある相談件数に対応できる担当者の複数配置と担当者の幅広い専門性の向上をいかに図っていくかが課題となります。

## (2) 特別支援学校のセンター的機能の充実に向けて

　特別支援学校が、センター的機能を果たしていくうえでの主な課題については前述のとおりです。これらの課題への取組みに加え、抜本的な制度改革も必要です。ここで、改めて、特別支援学校のセンター的機能の根拠である学校教育法第74条をみてみましょう。

　○学校教育法第74条

　　特別支援学校においては、第72条に規定する目的を実現するための教育を行うほか、幼稚園、小学校、中学校、義務教育学校、高等学校又は中等教育学校の要請に応じて、第81条第1項に規定する幼児、児童又は生徒の教育に関し必要な助言又は援助を行うよう努めるものとする。（下線：筆者）

　下線部に注目してください。義務規定ではなく努力規定になっています。ほぼすべての特別支援学校がセンター的機能を果たしている事実や実績を踏まえ、「行うこと」と改正し、あわせて配置等に関連する法令も見直していくことができないでしょうか。今後、インクルーシブ教育システムの構築の流れの中で、特別支援学校のセンター的機能はますます重要になっていきます。それを下支えできる法令整備を実現させたいものです。

# 3　特別支援教育を支えるツールの現状と課題

## (1) 我が国におけるインクルーシブ教育システムの構築

　学校にインクルーシブ教育システムという言葉が伝わり始めたころ、「日本はこれから特別支援教育ではなく、インクルーシブ教育に進むのだろうか」という疑問をもつ教員がいました。この点をどう考えればよいのでしょうか。

　インクルーシブ教育システム（inclusive education system）は、2006（平成18）年に国際連合が採択（我が国は2007年署名、2014年批准）した「障害者の権利に関する条約」において提唱されました。本条約の、インクルーシブ教育システムにおいては、人間の多様性の尊重等の強化、障害者が精神的及び身体的な能力等を可能な最大限度まで発達させ、自由な社会に効果的に参加することを可能とするという目的のもと、障害者が障害に基づいて一般的な教育制度から排除されないこと、自己の生活する地域において初等中等教育の機会が与えられること、個人に必要な合理的配慮が提供されること等の必要性が示されています。

　一方、我が国では、中央教育審議会初等中等教育分科会が2012（平成24）年に「共生社会の形成に向けたインクルーシブ教育システム構築のための特別支援教育の推進（報告）」（以下、報告）を取りまとめ（中央教育審議会、2012）、我が国において最も積極的に取り組むべき課題を共生社会の形成としたうえで、学校教育には重要な役割が求められていると整理しました。そして、共生社会の形成に向けて、条約に基づくインクルーシブ教育システムの理念が重要であり、その構築のため特別支援教育は必要不可欠なものであり、今後も発展させていく必要があるとしたのです。これは冒頭の疑問への回答ということになります。

　また、報告では、インクルーシブ教育システムにおいては、同じ場で共に学ぶことを追求するとともに、個別の教育的ニーズのある幼児児童生徒に対して、自立と社会参加を見据えて、その時点で教育的ニーズに最も的確に応

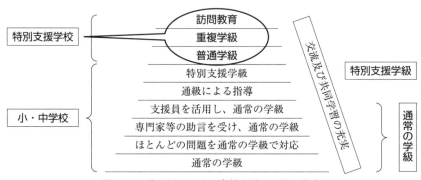

図2−5　我が国における多様な学びの場の設定
出典：中教審（2012）を元に筆者作成。

　える指導を提供できる、多様で柔軟な仕組みを整備することが重要であると
したうえで、小・中学校における通常の学級、通級による指導、特別支援学
級、特別支援学校といった、連続性のある「多様な学びの場」を用意してお
くことが必要であると整理しました。以下、報告で整理された内容について
少し掘り下げてみます。

　まず、「柔軟な仕組み」です。文部科学省では2013（平成25）年に、障害
のある児童生徒等の就学先決定の仕組みに関する学校教育法施行令の改正を
行いました。それまで学校教育法施行令第22条の3（特別支援学校就学基準）
に該当する者は、原則特別支援学校に就学するという仕組みを改め、障害の
状態等を踏まえた総合的な観点から就学先を決定することとしました。あわ
せて、就学時に決定した就学先は6年間や3年間という固定的なものではな
く、子供の発達の程度、適応の状況、学校の環境等を勘案しながら柔軟に転
学できることとしました。

　次に「多様な学びの場」です。障害のある子供たちと障害のない子供たち
とが、同じ場で共に学ぶことだけを求めておらず、多様な学びの場（図
2-5）として特別支援学級や特別支援学校等を位置づけていることです（中教
審、2012）。つまり、我が国は、条文で示されている一般的な教育制度や初
等中等教育の中に、特別支援学校や特別支援学級も含めているのです。いわ
ゆるフルインクルージョンの考え方により特別支援学校不要論もありますが、

我が国おいては、そうではないことを確認しておく必要があります。これについて「特別支援学校の存在は、同じ場で共に学ぶことを追求するというインクルーシブ教育システムの理念に合致しないではないか」という声があります。確かに、「同じ場で共に学ぶ」という観点だけに注視すればそのとおりかもしれませんが、報告では障害者理解の推進についても触れているのです。ここでポイントとなるのが「交流及び共同学習の推進」です。障害者基本法にもその推進が示されています。

〇障害者基本法第16条

3　国及び地方公共団体は、障害者である児童及び生徒と障害者でない児童及び生徒との交流及び共同学習を積極的に進めることによって、その相互理解を促進しなければならない。

また、2017（平成29）年改訂の学習指導要領でも、交流及び共同学習にかかわる記述が、インクルーシブ教育システムの理念を踏まえて改善されています。従前は交流及び共同学習を計画的・組織的に行うことを示していましたが、改訂後は、交流及び共同学習の機会を設け、共に尊重し合いながら協働して生活していく態度を育むこととしています。交流及び共同学習が、同じ場で共に学ぶ機会の確保や障害者理解の推進はもとより、多様性の尊重を基盤とする共生社会の形成に資するものであり、インクルーシブ教育システムの構築につながっていくことがお分かりいただけると思います。

ここまで、インクルーシブ教育システムの概要について述べましたが、改めて4つのキーワードで整理してみます。

①　多様な学びの場の設定

②　最も適切な学びの場の選択

③　学びの場の柔軟な変更

④　地域における体制整備の充実

特に、4つ目のキーワードは、本書が扱う重要なポイントのひとつであり、特別支援学校のセンター的機能と密接に関連してきます。どの学びの場であっても、障害のある児童生徒が、その教育的ニーズに応じた適切な支援を

受けることのできる体制をいかにして構築していくかが重要なのです。詳細は第３章で詳述します。

　現在、文部科学省で「新しい時代の特別支援教育の在り方に関する有識者会議」が開催されています。この有識者会議の議論いかんでは、インクルーシブ教育システムにおける「多様な学びの場」が見直されるかもしれません。しかし、学校教育において、障害のある子供の自立と社会参加を目指し、最善の教育制度や環境を整え、教育的ニーズに的確に応える指導を提供し続けることは変わるものではありません。

## (2) 広域特別支援連携協議会

　特別支援教育を推進していくための方途は多様であり、これまでも各地域や各障害種等で様々な取組みがなされてきました。その際、一人の子供の誕生から生涯にわたって適切な支援をしていくためには、教育分野の施策や取組みだけでは不十分であることから、特に重視されてきたことのひとつに、障害のある子供に関わる関係者間の連携・協力の重要性が挙げられます。ここでは、全国で組織・展開されてきた広域特別支援連携協議会について述べます。

### １）広域特別支援連携協議会とは

　広域特別支援連携協議会とは、都道府県レベルにおいて障害のある子供の指導・支援に係る教育、福祉、医療、労働等の関係部局の連携協力を円滑にするためのネットワークであり、教育委員会、保健福祉部局、衛生部局、労働部局及び大学やNPO等の関係者で構成される組織です。それぞれの専門的な支援内容等の情報を共有することにより、障害のある子供の多様なニーズに応え総合的な支援を行い、都道府県レベルでの関係部局・機関との連携が緊密になることにより、地域レベルにおいても、保健所、福祉事務所、公共職業安定所、市区町村教育委員会等具体的な支援を行う実施機関が総合的な支援を確実に行うことができるようになることが期待されています（図2-6)。

　これは、2003（平成15）年３月、「今後の特別支援教育の在り方について

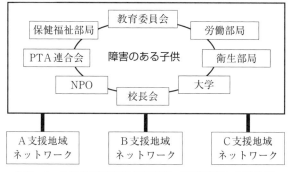

図2-6　広域特別支援連携協議会〔都道府県〕の概念図

（最終報告）」において、初めて公的に提唱されました。文部科学省が2006（平成18）年に、広域特別支援連携協議会の設置促進も含めて「特別支援教育体制推進事業」を立ち上げ、予算措置したこともあり、全国で設置が進み、各地域における特別支援教育体制整備の推進に大きく寄与してきた経緯があります。

さらに、文部科学省が2013（平成25）年10月に取りまとめた「教育支援資料」においても、広域特別支援連携協議会について次のように触れています（文部科学省、2013）。

　ア　都道府県におけるネットワークの構築（広域特別支援協議会の設置）

　　都道府県においては、障害のある子供やその保護者への相談・支援にかかわる医療、保健、福祉、教育、労働等の関係部局・機関間の連携協力を円滑にするためのネットワークとして、「広域特別支援連携協議会」を設置し、機能させることが重要である。協議会の役割としては、例えば、次のようなことが考えられる。

　（ア）相談・支援のための施策についての情報の共有化

　（イ）相談・支援のための施策の連携の調整や連携方策の検討

　（ウ）相談と支援のための全体計画（マスタープラン）の策定

　（エ）関係機関が連携して乳幼児期から学校卒業後までを通じて一貫した支援を行うための計画である「個別の支援計画」のモデルの策定のための計画

（オ）相談・支援にかかわる情報の提供

（カ）支援地域の設定

イ　市町村におけるネットワークの構築（市町村における特別支援連携協
議会の設置）

市町村においても、関係部局・機関間の連携協力を円滑にするための
ネットワークとして「特別支援連携協議会」を設置することが重要であ
る。

（中略）本協議会の役割は、広域特別支援連携協議会とほぼ同様と考え
られるが、障害のある子供やその保護者にとって、地域に密着した具体
的な方策の検討などが求められる。（以下略）

## 2）今後の課題

すでに多くの自治体で設置され機能していますが、協議会の内容が形式的
なものになっていないか、効果的・有機的に機能しているか等をしっかり評
価し、必要に応じて協議内容や運営方法の見直し、構成員の変更等の改善に
向けた取組みが必要です。また、都道府県レベルと市町村レベル（支援地
域）相互の協議会の連携についても評価することが重要です。

さらに、全校種の新学習指導要領等に、作成はもとより活用についても明
記された個別の教育支援計画が、連携ツールとして機能しているかどうかの
観点も大切になってきます。

## (3) 特別支援教育コーディネーターの指名

特別支援教育コーディネーターという言葉が公的に登場したのは、2004
（平成16）年の「今後の特別支援教育の在り方について（最終報告）」でした。
この報告において「特別支援教育コーディネーターは、保護者や関係機関に
対する学校の窓口として、また、学校内の関係者や福祉、医療等の関係機関
との連絡調整役としての役割を担う者」と定義されました。この最終報告を
踏まえて、翌2005年に文部科学省が取りまとめた「小・中学校におけるLD
（学習障害）、ADHD（注意欠陥／多動性障害）、高機能自閉症の児童生徒への

教育支援体制の整備のためのガイドライン（試案）」には、特別支援教育コーディネーターの業務内容や必要な資質等の詳細が記載され、全国に普及していきました。さらに、2007（平成19）年の「特別支援教育の推進について（通知）」で、特別支援教育コーディネーターの指名について正式に示され現在に至っています。

　特別支援教育コーディネーターという言葉を聞くようになって20年近くが経過しているわけですが、実際の状況はどうなっているのでしょうか。

　文部科学省は、幼・小・中・高を対象に2007（平成19）年度から特別支援教育に関する体制整備の状況について経年調査をしています。各調査項目の達成状況等に応じて調査内容の見直しを図っており、特別支援教育コーディネーターの調査も当初は指名の有無を問うものでしたが、指名人数、役職、専任・兼任についても問うなど、調査内容が変容してきています。近年、学校の業務負担軽減の観点から調査項目が大幅に見直されており、2017（平成29）年度調査が最も詳細なデータとなっています。そこで、この調査結果（文部科学省、2018）に基づいて、次に、2017年度の特別支援教育コーディネーターの指名等の実施状況について説明します。

### 1）指名率について

　国公私立・全校種の指名率は86.7％であり、調査当初の77.9％からみて増加しています。国公立に比して私立での指名率（47.4％）は低いといえます。また校種では、小学校及び中学校に比して、幼稚園（64.7％）、幼保連携型認定こども園（56.2％）、高等学校（85.4％）の指名率が低いといえます。この特徴は、特別支援教育コーディネーターの指名に特化しているわけではなく、私立及び該当園・高等学校における特別支援教育に関する整備全般に関わる課題なので、引き続き体制整備の充実が期待されています。

### 2）指名人数について

　国公私立・全校種の指名人数の内訳は、1名（73.5％）、2名（17.4％）、3名以上（9.2％）となっています。また複数指名について校種別でみると、幼稚園（16.4％）が最も低くなっていますが、これは職員数や学校の規模等が大きく関与しているものと推測されます。

### 3）役職について

国公私立の小・中高の特別支援教育コーディネーターの役職は、小・中学校では、特別支援学級担任が約半数を占め、次に通常の学級担任の順に多くなっています。

一方、高等学校では、特別支援学級が設置されていないことから、通常の学級副担任、学級担任、養護教諭の順となっていますが、今後、通級指導教室等の学級が増加するにつれ、これを担当する教員が担う比率が増えてくるものと思われます。なお、関係機関等との連絡・調整も特別支援教育コーディネーターの業務であることから、副校長・教頭といった管理職が兼任している場合もみられます。

### 4）専任・兼任について

専任とは、「主たる職務として特別支援教育コーディネーターの役割を担うことができるよう、学校において一定の配慮（学級・教科担任をもたないなど）がなされている者」を指します。国公私立・全校種の専任率は16.7%であり、校種でみると小学校（9.6%）、中学校（13.0%）の順に低い割合となっています。専任の内訳としては、学級担任をもたない（59.7%）、授業時数の軽減（27.1%）、コーディネーター業務に専念（3.1%）などが挙げられます。学校からは、専任で配置できるよう特別支援教育コーディネーターの基礎定数化も含めて、配置の充実を期待する声があがっています。

インクルーシブ教育システム構築の推進にあたり、特別支援教育コーディネーターがキーパーソンであることは言うまでもありません。各学校において、特別支援教育コーディネーターが真にその役割を発揮できるようにしていくことが、国、都道府県教育委員会、各学校にますます求められていくでしょう。

### (4)「個別の教育支援計画」と「個別の指導計画」の作成と機能

「個別の教育支援計画」や「個別の指導計画」の必要性が叫ばれてからかなりの年月を経過していますが、現在もその必要性は高まっているといって

も過言ではありません。そこで、我が国において、「個別の教育支援計画」や「個別の指導計画」の必要性がクローズアップされて以来、どのような変遷をたどって今日に至っているかを概観してみたいと思います。なお、学校教育の段階では「個別の教育支援計画」と呼ばれていますが、一般的には「個別の支援計画」である点にご留意願います。

　さて、我が国において最初に「個別の教育支援計画」という考え方が示されたのは、2001（平成13）年1月に出された「21世紀の特殊教育の在り方について」の報告でした。この報告の基本的な考え方の中で、「障害のある児童生徒等が、地域社会の一員として生涯にわたって様々な人々と交流し、主体的に社会参加しながら心豊かに生きていくことができるようにするためには、教育、福祉、医療、労働等の各分野が一体となって社会全体として当該児童生徒等の自立を生涯にわたって支援していく体制を整備することが必要である」と述べています。この記述は、ライフステージの各段階における「個別の支援計画」の大切さをうたったものと捉えることができます。さらに、「教育、福祉、医療、労働等が一体となって乳幼児期から学校卒業後まで障害のある子供及びその保護者等に対する相談及び支援を行う体制を整備する」必要性を強調していますが、その要を担うのが「個別の教育支援計画（個別の支援計画）」です。

　その後、2002（平成14）年の「障害者基本計画」や「新障害者プラン」において、「個別の教育支援計画（個別の支援計画）」の作成と充実に向けた具体的な提言が行われ、障害者に対する生涯を見通した支援とそれに必要な教育・福祉・医療・労働等の連携の必要性が繰り返し強調されています。もちろん、障害者福祉の分野においても、高齢者福祉（介護）の分野においても、「個別の支援計画」は、非常に重要な視点として具体的な取組みが行われて今日に至っています。

　また、2007（平成19）年度からは、「特殊教育」から「特別支援教育」へと大きく変換しましたが、この「特別支援教育」下においては、どのような場で教育を受ける障害のある児童生徒に対しても、そのニーズに応じた支援を行う体制を整備することが大きな課題となりますので、「個別の教育支援

計画」の策定や活用はますます重要視されてきています。

　一方、「個別の指導計画」についてみますと、1999（平成11）年3月に告示された「盲学校、聾学校及び養護学校小学部中学部学習指導要領」において、重複障害児童生徒の指導計画と自立活動の指導計画は、「個別の指導計画」を作成することが基本である点が規定されました。これは、重複障害児童生徒の指導や自立活動の指導は、一人一人指導内容や方法が異なるため、その実態に合わせてきめ細かな指導計画を立てる必要があるという状況を受けて規定されたものでした。また、2009（平成21）年3月告示の学習指導要領においては、児童生徒の実態が一層多様化してきている状況に鑑み、その多様化に即応するため、重複障害児童生徒の指導計画や自立活動の指導計画のみならず、すべての児童生徒に対して、各教科等すべての指導計画において個別の指導計画を作成することが規定されたのです。

　さらに、2017（平成29）年3月告示の特別支援学校の学習指導要領には、もちろん「個別の指導計画」の作成や「個別の教育支援計画」の作成等に関して規定していますが、同時期告示された「小学校学習指導要領」においても、「個別の指導計画」や「個別の教育支援計画」について、総則の「第4　児童の発達の支援」の「2　特別な配慮を必要とする児童への指導」に、「障害のある児童などについては、家庭、地域及び医療や福祉、保健、労働等の業務を行う関係機関との連携を図り、長期的な視点で児童への教育的支援を行うために、個別の教育支援計画を作成し活用することに努めるとともに、各教科等の指導に当たって、個々の児童の実態を的確に把握し、個別の指導計画を作成し活用することに努めるものとする。……」と具体的に踏み込んだ規定がなされたのです。

　こうした規定を受けて、今後は「個別の教育支援計画」や「個別の指導計画」が、障害のある児童生徒の成長に実質的にその機能を発揮して、インクルーシブ教育システムの構築に貢献することを期待したいと思います。

## (5)「特別支援教育支援員」の現状

　小・中学校に在籍する発達障害を含む障害のある子供たちの学校生活を適

切に支援することが求められていますが、多様なニーズを有する対象児に適切な支援を行うためには、担任教師をはじめとする教職員のマンパワーだけでは十分な支援を行うことができない場合が少なくありません。

このような状況を踏まえ、政府においては、食事、排泄、教室移動の補助といった学校における日常生活上の介助や学習支援、安全確保などの学習活動上のサポート等を行う者を「特別支援教育支援員」という広い概念で捉え、2007（平成19）年度から地方財政措置（地方交付税）で予算計上して今日に至っています。ちなみに、2019（令和元）年度においては、全国で6万5,000名分の予算が、翌2020年度においては6万5,800名分の予算が地方財政措置で計上されています（文部科学省、2020c）。

この特別支援教育支援員は、小・中学校において校長、教頭、特別支援教育コーディネーター、担任教師等と連携のうえ、次のような役割を担っています。

① 基本的生活習慣確立のための日常生活上の支援
② 障害のある児童生徒に対する学習支援
③ 学習活動、教室間移動等における支援
④ 児童生徒の健康・安全確保関係の支援
⑤ 運動会（体育大会）、学習発表会、修学旅行等の学校行事における支援
⑥ 周囲の児童生徒の障害理解の促進を支援

こうした役割を効果的に果たすため、特別支援教育支援員は、学級担任をはじめ学校関係者と連携のうえ、子供への支援の在り方等について専門家から意見を聞いたり、子供の学校生活や家庭生活の様子を担任や保護者と情報交換したりして、子供への対応に活かしていくことなどが望まれます。

また、特定の児童生徒の単なる世話役としてだけに特別支援教育支援員を活用すると、学校全体の対応とかけ離れがちになり、効果的な支援ができなくなる可能性が大きいので、特に学級担任と連携した取組みが重要です。特別支援教育支援員という人材が効果的に活用され、児童生徒に適切な対応が

できるようにするとともに、学校全体での対応の一翼が担えるようにするためには、研修の機会が大切であり、また、その内容等を工夫することが求められています。

　現在、都道府県や政令指定都市等の教育委員会や教育センター等で、特別支援教育支援員を対象とした講習会や研修会が行われたり、サポートブックが発行されたりしています。講習会で取り上げられる内容は、地域によってかなり異なりますが、およそ次のような内容が含まれています。

① 特別支援教育の概要

② 特別支援教育支援員の業務内容と役割、倫理及び心構え

③ 所属行政地区における特別支援教育の現状

④ 主な障害の特性の理解（肢体不自由、視覚障害、聴覚障害、病弱、言語障害、知的障害、発達障害等）、ロールプレーイングとグループ討議を含む

⑤ 学校・学級における支援の在り方（介護・介助の基本的技術や学習支援の在り方を含む）

⑥ 学級担任との連携の在り方

⑦ 保護者との対応の在り方

⑧ 障害のある子供の心理的諸課題と進路等


　今後においては、特別支援教育支援員の資質をさらに向上させるために、全国的な規模の講習会や研修等が行われ、この教育を適切に下支えしていくことが望まれます。また、特別支援教育支援員は、高度な専門的知識・技能を要する職種でもあるので、将来は専門職としての位置付けも検討されるべきではないかと思われます。

　特別支援教育支援員の業務や研修内容等に関しては、都道府県の教育委員会や教育センター等が様々な情報をネット上で公開していますので、参考にされることをお勧めします。

## (6) 教育のユニバーサルデザイン

　障害者の権利に関する条約第２条では、ユニバーサルデザインを「調整又は特別な設計を必要とすることなく、最大限可能な範囲で全ての人が使用することのできる製品、環境、計画及びサービスの設計」と定義しています。このような考え方を教育に反映させたものが「教育のユニバーサルデザイン」です。もう少し端的に言えば、教育のユニバーサルデザインとは、より多くの子供たちにとって、わかりやすく学びやすく配慮された教育のデザインのことといえます。特に、インクルーシブ教育システムにおいては、障害のない子供たちと障害のある子供たちが通常の学級で一緒に教育を受ける機会が多くなりますので、こういう場における教育のユニバーサルデザインは、非常に大切な考え方といえます。

　教育のユニバーサルデザインを具現化するためには、①学習環境の整備、②人的環境の整備、③授業の構造化による実践という３つの要素を柱にしてバランスよく取り組むことが大切です。次にその３要素を具体的に示します。

### １）学習環境の整備

　次のような観点が求められます。

　　①　情報量が多いと混乱してしまう子供たちのために、掲示物等の情報量を必要最小限に絞って提示する。

　　②　暗黙の了解がわかりにくい子供たちのために、整理・整頓の仕方、廊下の歩き方、挨拶の仕方等、明確なルールを示す。

　　③　こだわりが強かったり見通しがもてない子供たちのために、前もって見通しがもてるように丁寧に説明したり、変更点を明確に認識させるための説明を丁寧にしたりする。

　　④　一人一人の特性に合わせた環境条件を整えなければならない子供たちのために、例えば、直射日光を遮ったり、照度を調節したり、机の位置を考えたりすること等が大切である。

### ２）人的環境の整備

　次のような観点を考慮する必要があります。

　　①　クラスの仲間づくりの取組みを行い、特に障害児を孤立させないよ

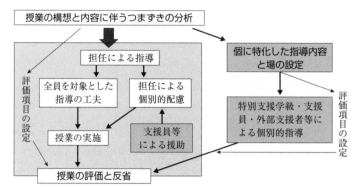

図2-7　小・中学校の通常の学級における授業のユニバーサルデザイン概念図

出典：小貫・桂（2014、p.64）を参考に筆者作成。

うに見守る。

② 担任を中心として、校内の教員・特別支援教育支援員、特別支援学校のコーディネーター等との連携を密にするとともに、保護者とも協調して指導の充実に努める。

③ 例えば、視覚障害や聴覚障害等、広域の小・中学校に点在する子供たちをサマースクール等の企画によって活動を共にし、相互の情報交換を行う機会を作る。またこうした企画を保護者間の情報交換の機会にもする。

### 3）全員が楽しく「わかった」「できた」と感じる授業の構築

「授業のユニバーサルデザイン概念図」を図2-7に示しました。

授業をデザインする際の大切な視点は、前述したように、すべての子供たちが「わかった」「できた」という実感をもてるようにするための工夫をいかに試みるか、です。そのためには、図に示すように、一斉授業の中の個別的配慮で対応するのか、特別な場を設けて指導するのかを検討しなければなりません。もちろん、できる限りクラス全員を対象とした授業の中で解決すべく努力することが大切ですが、特別な場で指導することも含めて「授業のユニバーサルデザイン」と捉えていいのではないかと思います。

授業のユニバーサルデザインに関する研究は、まだ緒に就いたばかりなの

で、今後の研究に期待したいと思います。

引用・参考文献
・中央教育審議会初等中等教育分科会（2012）「共生社会の形成に向けたインクルーシブ教育システム構築のための特別支援教育の推進（報告）」https://www.mext.go.jp/b_menu/shingi/chukyo/chukyo3/044/houkoku/1321667.htm（2021年2月17日確認）。
・香川邦生（編著）（2005）『個別の教育支援計画の作成と実践──特別なニーズ・気になる子どもの支援のために』教育出版。
・小貫悟・桂聖（2014）『授業のユニバーサルデザイン入門──どの子も楽しく「わかる・できる」授業のつくり方』東洋館出版社。
・文部科学省（2012）「通常の学級に在籍する発達障害の可能性のある特別な教育的支援を必要とする児童生徒に関する調査結果について」https://www.mext.go.jp/a_menu/shotou/tokubetu/material/__icsFiles/afieldfile/2012/12/10/1328729_01.pdf（2021年2月10日確認）。
・文部科学省（2013）「教育支援資料──障害のある子供の就学手続と早期からの一貫した支援の充実」https://www.mext.go.jp/a_menu/shotou/tokubetu/material/1340250.htm（2021年2月10日確認）。
・文部科学省（2018）「平成29年度特別支援教育体制整備状況調査結果について」https://www.mext.go.jp/a_menu/shotou/tokubetu/__icsFiles/afieldfile/2018/06/25/1402845_02.pdf（2021年2月10日確認）。
・文部科学省（2019）「平成30年度 特別支援教育に関する調査結果について」https://www.mext.go.jp/a_menu/shotou/tokubetu/1402845_00003.htm（2021年2月17日確認）。
・文部科学省（2020a）「令和2年度特別支援教育教育課程研究協議会　視覚障害教育分科会配付資料」（ホームページ非公開）。
・文部科学省（2020b）「特別支援教育資料（令和元年度）」https://www.mext.go.jp/content/20200916-mxt_tokubetu02-000009987_02.pdf（2021年2月10日確認）。
・文部科学省（2020c）「特別支援教育資料（平成30年度）、第三部資料編」https://www.mext.go.jp/content/20200128-mxt_tokubetu01-000004454-004.pdf（2021年2月10日確認）。

# 第3章

## センター的機能への取組みの実態と評価の在り方
### ──5年にわたる調査研究から

# 第1節　我が国における
　　　　インクルーシブ教育システム

## 1　インクルーシブ教育システムと特別支援教育

　我が国の障害児教育は、長く「特殊教育」という枠組みの中で特別な教育の場を設定して発展してきました。しかしながら、ノーマライゼーションをはじめとする障害者を取り巻く世界的潮流や、我が国における障害児教育をめぐる状況の変化等を踏まえ、2007（平成19）年度から「特別支援教育」へと大きな転換がされました。「特殊教育」が特別な教育の場を設定して行う教育体制だったのに対して、「特別支援教育」は、どのような教育の場に在籍する障害児に対しても、その特別な教育的ニーズに対応した支援体制を整えて対応しようとする教育体制であり、これはインクルーシブ教育システム（inclusive education system）への移行とみることもできます。インクルーシブ教育システムとは、人間の多様性の尊重等を強化し、障害者が精神的及び身体的な能力等を可能な限り発揮して、社会に効果的に参加することを可能にする目的で行う教育であり、障害のある者と障害のない者が共に学ぶ仕組みを意味しています。

## 2　インクルーシブ教育システムを支える４つのキーワード

　さて、こうしたインクルーシブ教育システムへの移行等に関する具体的な諸施策等については、第2章をご覧いただきたいと思いますが、この教育システムを支えるのは、次に示す4つのキーワードではないかと思います。
　ひとつ目のキーワードは、「多様な教育の場の設定」です。これは行政レ

ベルで対応すべき課題ですが、切れ目のない多様な教育の場としては、視覚、聴覚、肢体不自由、知的、病弱等の特別支援学校、小・中学校におかれている特別支援学級、通級指導教室、訪問教育、そして小・中学校の通常の学級などです。現在の我が国の教育システムが、理想的な教育の多様な場を提供できているかどうかは検証の必要があると思いますが、とにかく多様な教育の場が用意されています。

　２つ目のキーワードは、この多様な教育の場から、一人一人の障害の状態等に応じて、「最も適切な教育の場をいかにして選択するか」です。親の意向や子供の意見、専門家の見解、それに教育の場の現在の整備状況等を勘案して決定されるわけです。こうした選択は、現在多くの事例で行われており、できるだけ幅広い見地から、望ましい教育の場を選定しようとする努力が行われているとみることができるでしょう。

　３つ目のキーワードは、「柔軟な教育の場の変更」です。最初の段階でどんなに最も適切な教育の場を選んだとしても、子供の状況は刻々と変化しますし、不適応を起こすこともしばしば起こり得ます。そんな時にできるだけ柔軟で速やかに教育の場を変更してやることが大切です。

　４つ目のキーワードは、どのような場で教育を受ける児童生徒に対しても、その「教育的ニーズに応じた適切な支援を受けることのできる体制をいかにして構築していくか」です。特に、小・中学校の通常の学級に在籍する障害のある児童生徒に対しては、この点に対する特別できめ細かな対応が必要です。この特別できめ細かな対応の方策は様々に考えられますが、現時点では特別支援学校や特別支援学級のセンター的機能の充実と、小・中学校の通常の学級におけるユニバーサルデザイン対応の授業体制とその研究が中心的役割を担っていると思われます。


## 3　児童生徒のニーズに応じた支援とは


　以上の４つのキーワードのうち、第３章においては４つ目のキーワードが中心的課題となると思われます。なかでも、特別支援学校が地域のセンター

的機能を発揮して、小・中学校等に対してどのような支援を行うことができるか、また、現状においてどのような支援を行い、それが児童生徒のニーズに適切に対応できているか、適切な支援を行うために、日々の実践を評価してその評価に基づく改善がうまく行われているか、さらに充実した支援を行うためにどのような課題を抱えているか等を明らかにすることが大切ではないかと思います。

　ところで、小・中学校等の通常の学級に在籍している児童生徒のニーズに応じた支援とは、いったい何なのでしょうか。これを探れば非常に大きく複雑なものが浮かび上がってくると思われます。しかし、一番大切な点は、学校は子供たちにとって楽しい場であり、伸び伸びと自分を発揮できる場であり、一人の人間として認められ尊重されていることを実感できる場でなければならない、という基本的な点をいかに支援し実現できるかということではないかと思うのです。

## 4　地域支援の質的向上を目指す取組み

　さて、平成19（2007）年の学校教育法の一部改正により、その第74条において、特別支援学校における地域の小・中・高校等への助言と支援の努力義務が規定されました。これを受けて、全国の特別支援学校においては、自校に在籍する児童生徒の指導のみならず、地域の小・中学校等に在籍する障害児に対する支援の輪が広がっています。

　文部科学省の調査によると、2015（平成27）年度において、全国の9割以上の特別支援学校が地域の小・中学校に対する支援を実施しているという統計データが示されており（文部科学省、2017）、量的な面では、特別支援学校の地域の小・中学校等に対する支援は、全国的に実施されるようになってきているといえます。今後においては、現在行われている具体的な支援の状況を明らかにして、支援内容の資質の充実に向けて何が課題かを探るとともに、改善に向けての努力を行う段階に入ったとみることができるのではないかと思います。

　こうした状況を受けて、日本リハビリテーション連携科学学会の自主研究会である「教育支援研究会」では、2015年度より5年にわたり、特別支援学校の各地域におけるセンター的機能の充実に向けた取組みに関して、調査研究を行ってきました。本章では、これらの調査研究から得られた知見を踏まえて、センター的機能に関する取組みをさらに充実させるために必要な要件を考えていきたいと思います。

引用・参考文献
・文部科学省（2017）「平成27年度特別支援学校のセンター的機能の取組に関する状況調査について」https://www.mext.go.jp/a_menu/shotou/tokubetu/material/1383107.htm（2021年2月5日確認）

# 第2節　具体的取組み状況を知るための調査研究の概要

## 1　5年にわたる調査研究の意図

　この節においては、特別支援学校の小・中学校に対する地域支援の状況を明らかにする目的で、日本リハビリテーション連携科学学会の自主研究会である「教育支援研究会」が、2015（平成27）年度から2019（平成31）年度の5年にわたって5回行った調査研究の概要を記します（詳しくは、日本リハビリテーション連携科学学会のホームページを参照）。

　この調査研究は、最初から5年という計画を立てて行ったものではありませんでした。2015年度の調査研究によって課題となった点を次の2016年度の研究として発展させ、さらに2016年度の研究から浮かび上がった課題等に関して次の2017年度の研究に結び付けていくというように、連続性をもって行ってきた結果として、5年にわたることになりました。特に、2015年度と2016年度の調査の結果から、特別支援学校の地域支援を充実させるためには、実践活動を何らかの形で自己評価して、この評価に基づいて次の年の実践を改善していくというPDCAサイクルが非常に大切である点が浮かび上がりました。そのため、2017～19年度の3年間は、実践の評価を中心的課題として調査研究を行いました。なお、この調査研究は5年にわたるものをひとつの調査研究としていますが、次の第3節では便宜上、各年度の調査を「調査研究①」から「調査研究⑤」と表記して解説します。

　以下においては、それぞれの年度の調査研究において浮かび上がった問題点や課題、あるいはグッドプラクティスや評価の在り方に関して、特徴的な結果を中心として述べ、参考に供したいと思います。

# 2　調査研究のコンセプト

　5年にわたるこの調査研究は、大きく分けて以下の2つを念頭において行われました。

　ひとつは、「特別支援学校のセンター的機能に関する実態を明らかにする」ことです。2007（平成19）年度に、特殊教育から特別支援教育へと制度が変わり、小・中・高等学校等を含むすべての場において、特別な教育的ニーズのある子どもたちが教育的支援を受けられるようになりました。そして、それに伴い、特別支援教育コーディネーターの選任や、特別支援学校の教員による地域の学校等への訪問相談、小・中・高等学校等における校内支援会議の開催など、特別支援教育に関する環境が整えられてきました。文部科学省が2017（平成29）年度に行った「特別支援教育体制整備状況調査結果」では、幼保連携型認定こども園・幼稚園・小学校・中学校・高等学校において、9割近くの割合で特別支援教育コーディネーターの選任がなされていることが示されています（文部科学省、2018）。そしてこの十数年の間に、特別支援教育コーディネーターを中心として、各地域の現状や個々の教育的ニーズに応じた様々な取組みがなされてきました。そこでまず、この具体的な取組みについて全国的な調査を行い、実態を明らかにする必要があると考えました。

　もうひとつは、「地域における特別支援教育に関わる教員にとって具体的で参考になる資料を提供する」ことです。中央教育審議会は、特別支援学校に期待されるセンター的機能の具体的な内容として、以下の6点を挙げています（中央教育審議会、2005）。

　　①　小・中学校等の教員への支援機能
　　②　特別支援教育等に関する相談・情報提供機能
　　③　障害のある幼児児童生徒への指導・支援機能
　　④　福祉、医療、労働などの関係機関等との連絡・調整機能
　　⑤　小・中学校等の教員に対する研修協力機能

⑥　障害のある幼児児童生徒への施設設備等の提供機能

　ひと言で「センター的機能」といっても、その内容は多岐にわたることがわかります。地域の現状や幼児児童生徒の実態に応じた具体的な取組みの中には、特別支援教育コーディネーターを中心とした地域の特別支援教育に関わる教員にとって、自校の取組みを行う際の参考になるような情報、いわば「グッドプラクティス」が多く含まれていると考えます。地域における特別支援教育の現状を明らかにすると同時に、各学校での具体的な取組みを掘り下げて調査し、こうした「グッドプラクティス」を資料として提供することが、特別支援教育に関わる教員の支えや糧となり、さらに子供たちの学びを支える環境の充実につながることを期待して、調査研究を進めてきました。

　次節で、この調査研究について詳述していきます。

引用・参考文献
・中央教育審議会（2005）「特別支援教育を推進するための制度の在り方について（答申）」https://www.mext.go.jp/b_menu/shingi/chukyo/chukyo0/toushin/05120801.htm（2021年2月5日確認）
・文部科学省（2018）「平成29年度特別支援教育体制整備状況調査結果について」https://www.mext.go.jp/a_menu/shotou/tokubetu/__icsFiles/afieldfile/2018/06/25/1402845_02.pdf（2020年12月22日確認）
・日本リハビリテーション連携科学学会・教育支援研究会（2016～2019）「教育支援研究会活動報告（平成28年度～令和元年度）」http://www.reha-renkei.org/activity/study-group/educate/edu.html（2020年12月24日確認）

# 第3節　支援活動の実態と課題：調査研究から

## 1　調査研究①（2015年度）──特別支援学校の
### コーディネーターが取り組んでいる小・中学校支援の現状と課題

### (1) 調査の概要

　2015（平成27）年度においては、「特別支援学校のコーディネーターが取り組んでいる小・中学校支援の現状と課題」と題して、質問紙による調査を行いました。目的は、特別支援学校のセンター的機能が地域の小・中学校にどのように機能しているかを調査・研究することです。関東地区の特別支援学校の特別支援教育コーディネーター66人を対象に質問紙を送付し、回答を求めました。回答数は42人（回収率64％）でした。その結果、次の点が明らかとなりました。

　①　小・中学校への支援では、要請に応じて特別支援学校コーディネーターが相手校に出向き、主として対象となる児童生徒を担当する教員と対応し、熱心に相談や支援に応じているという実態が確認された。その際、臨機応変に適切に対応していく力量が問われ、支援先で即応できる力の必要性を感じているコーディネーターが多いという状況が浮かび上がった。

　②　公開講座や研究会等の理解啓発活動に関しては、概ね組織的な取組みがなされていた。

　③　児童生徒を中心に置いた特別支援学校教員と小・中学校教員の協働思考、小・中学校教員のインクルーシブ教育に関する理解の促進、保護者への支援などに対する組織的な取組みの必要性が示唆された。

④　年間を通した相談支援活動の評価を何らかの形で行っている学校は42％で、他の学校は評価を行っていないという回答であった。

⑤　学校以外の機関等との連携については、学校間のばらつきの大きい点が浮かび上がった。

⑥　実態把握から指導の方向性を見極められる力や、教育分野以外の専門分野と連携して指導効果を高める力などの力量が、コーディネーターに求められていた。

⑦　その他、自由記述を通して、センター的機能に関する具体的な課題や、課題解決のためのアイデアなどが挙げられた。

　次に、上記の7点について具体的な説明と考察をしていきます。

## (2) 調査を通してみえてきたこと

### 1）相談支援活動の内容

　特別支援学校が担っている大きな役割のひとつが、小・中学校に対する「相談支援活動」です。調査では、ほぼすべての学校が実施をしていることがわかりました。年間の実施回数は、小学校への相談支援が平均40回、中学校への相談支援が平均14回でした。活動の形態については、小・中学校に出向いて対応をしている学校が64％と最も多く、次いで小・中学校の教員が特別支援学校に来校する相談や、電話やメールでの相談も行われていました。また小・中学校の相談支援にあたる特別支援学校の教員人数について、主として1人で行っている学校が46％、2人で対応している学校が32％でした。2人以上の複数（チーム）で相談支援を行っている学校は合わせて54％でしたが、1人で行わざるを得ない学校も多いことがわかりました。一方、小・中学校で相談支援活動に携わる教員について、相談対象の児童生徒の担任及びその学校のコーディネーターが中心となることが多く、担任のみが対応する学校は22％でした。また、校長や副校長等の管理職とコーディネーターのみが関わる相談支援は10％で、担任とコーディネーター、管理職が組織的に関わる相談支援は19％でした。

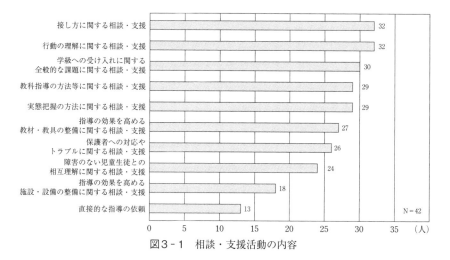

図３-１　相談・支援活動の内容

　これらの回答結果から、障害のある児童生徒の相談・支援を通して、特別支援学校と小・中学校の教員による取組みが、多くの地域で行われていることが明らかになりました。では、具体的にどのような相談支援活動が行われているのか、図3-1に42名から回答のあった内容を示します。

　最も多かった内容は、「（障害のある児童生徒との）接し方」「（障害のある児童生徒の）行動の理解」に関するものでした。次いで、「（障害のある児童生徒の）学級への受け入れ」や「（障害のある児童生徒の）教科指導の方法等」「（障害のある児童生徒の）実態把握の方法」が挙がりました。小・中学校の教員が、障害のある児童生徒の理解を深めたり、授業によりよく参加できるための手立てを考えたりすることを中心に、相談・支援が行われている状況が示されています。

**２）理解啓発活動の実施**

　講習会や研修会といった「理解啓発活動」は、回答のあった９割の学校で取り組んでいました。一方で障害のある児童生徒を対象に、特別支援学校等に集めて行事等を行っている学校は４割近くで、学校によって取組みに差があることが示されました。例えば、夏休みに地域の障害のある児童生徒を特別支援学校に集めて活動を共にするサマースクール等の活動は、「子供同士

の仲間としてのつながり」を支える機能を果たすとともに、「保護者同士の
つながりや情報交換の場」としても重要であるといえます。理解啓発活動の
実施回数は平均して年間5回でしたが、学校間のばらつきが大きいことも明
らかになりました。

### 3）相談支援活動における協働の重要性

　調査結果からみえてきたことの3つ目は、組織的な取組みの重要性です。
特別支援学校と小・中学校の教員による相談支援の実態がみえてきました。

　特別支援教育コーディネーターが「課題として感じていること（自由記
述）」では、「特別支援学校教員と小・中学校教員とで、インクルーシブ教育
を推し進めるための協働思考や共同作業が大切」という意見が多くみられま
した。

　障害のある児童生徒がよりよく授業に参加できるように、小・中学校教員、
特別支援学校教員等が組織的に協力・協働をすること、そのための理解啓発
を進めることが今後の課題として浮かび上がってきました。

### 4）相談支援活動の評価の実施

　「あなたが取り組んだ小・中学校への相談・支援の成果に関して何らかの
形で評価が行われましたか」という質問に対して、組織的な評価を行ってい
る学校は42％、行っていない学校は58％でした。また、「評価を行ってい
る」と回答した学校に対して、「内部評価を行っている場合、基準や尺度に
基づいて対応されましたか」という質問をしたところ、半数の学校で基準を
設けていないことがわかりました。評価の方法についても学校間で差がある
ことが明らかになりました。

　相談支援活動において、活動の質を高めるためには、活動の評価を組織的
に行い、改善に活かす必要があります。特に支援を受ける児童生徒本人や家
族、小・中学校の教員、連携する専門家の声は、より良い事業に改善するた
めの基礎情報として重要です。

### 5）他機関との連携の現状

　相談支援についての調査で、対応が困難なケースについての学校外の専門
機関や専門家と連携した対応についての結果は、行っている学校が51％で

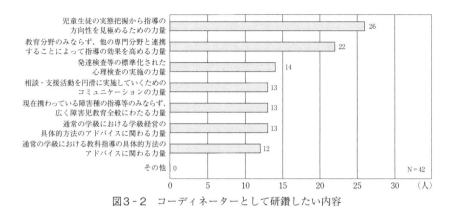

図3-2　コーディネーターとして研鑽したい内容

あり、49％の学校では連携した対応がなされていない結果となりました。関係機関等との連携についても、学校間で差があることが浮かび上がってきました。

### 6）特別支援教育コーディネーターが研鑽したい内容

「特別支援教育コーディネーターとして研鑽したい内容」を調査しました。回答で多かったのは、「実態把握から指導の方向性を見極めるための力（26件）」「教育分野のみならず、他の専門分野と連携することによって指導の効果を高める力量（22件）」でした（図3-2）。これは、前出の図3-1で示した小・中学校から求められている相談支援の内容で回答の多かった、「（障害のある児童生徒への）接し方」「行動の理解」「実態把握」「教科指導の方法等」が大きく関係していると思われます。小・中学校の教員がもつ相談ニーズにできるだけ的確に応えたいという、特別支援学校の教員の思いが反映された結果であるといえます。

　また、「相談・支援活動を円滑に実施していくためのコミュニケーションの力量」など、特別支援教育や教科教育、学級経営といった教育に関する専門性以外に、コーディネーター独自の力量を高めたいと考える教員も多いことがわかりました。特別支援教育コーディネーターは、特別支援教育に関する情報提供に加えて、障害のある子供を取り巻く大人を「つなぐ」役割を担います。特に特別支援学校のコーディネーターは、相談支援を行う小・中学

校教員との間で、また自身が所属する特別支援学校内で、インクルーシブ教育に関する理解啓発や環境整備にも携わっています。関係者をつなぎ、支援環境を整えるためのコミュニケーションの力量も求められているといえるでしょう。

### 7）その他

　自由記述では、課題解決のアイデアとして、「担任教師の業務の過剰負担の軽減が大切」「コーディネーターの人的配置や研修制度の改善」「特別支援教育を推進するための小・中学校の校内体制づくり」といった、組織的な運営を行うための環境整備も挙げられています。障害のある児童生徒本人とそれに関わる大人が前向きに課題解決に取り組める環境を、制度や体制の面からも考え、整える必要があります。そのためには、各教員に加えて、学校、区市町村、都道府県、国といった組織レベルでもセンター的機能の取組みを評価し、検討、改善することが必要であると考えます。

### (3) まとめと今後の課題

　この 2015（平成 27）年度に行った第 1 回目の調査・研究から、特別支援学校の特別支援教育コーディネーターは、地域の小・中学校に対してセンター的機能を果たすべく、日々奮闘している状況を垣間見ることができました。そこで、支援を受ける側の小・中学校が、こうした特別支援学校との取組みをどのように受け止め、評価しているのかという点を次の研究テーマに設定し、継続的に調査を行う必要性を感じました。

## 2　調査研究②（2016 年度）──支援対象の小学校側からみた　　　　　特別支援学校のセンター的機能の現状と課題

### (1) 調査の概要

　2016（平成 28）年度においては、特別支援学校のセンター的機能が、支援を受けている小学校側からみてどのように受け止められているかを探ることを目的として、東京都内の小学校を対象とした「特別支援学校のセンター的

機能の評価に関する研究」と題する調査・研究を行いました。本調査研究においては、東京都内で特別支援学級を設置している小学校443校の特別支援教育コーディネーターを対象に、質問紙による調査を実施しました。調査用紙は特別支援学級設置学校長協会の協力を得て送付し、263校から回答を得ました（回収率59.4%）。この2回目の調査は、特別支援学級が設置されている小学校を対象としたものであったためか、特別支援学校からセンター的機能による支援を受けている小学校は2割に過ぎませんでした。しかしながら、支援を受けている小学校のコーディネーターは、特別支援学校のセンター的機能に対して、概ね肯定的な評価を行っていました。この調査結果から、都内小学校側からみた特別支援学校のセンター的機能への評価に関して、多くの知見を得ることができ、それらを整理すると、次の5点に集約することができます。

① 特別支援教育を有効に機能させるための特別支援学校のセンター的機能に関しては、大方の小学校で大切な課題だという受け止め方がされている。

② 特別支援学校のセンター的機能を利用している小学校では、概ね有効に機能しているが、都内には対象となる小学校が多いため、その存在や役割に関する理解促進が十分とはいえず、今後に残された課題も多い。

③ 特別支援学校のセンター的機能と専門家チーム等による支援機能との連携が課題となっている。

④ 巡回指導体制の整備を望む声が強く、その体制整備の検討が課題といえる。

⑤ 特別支援学校のセンター的機能について、その質を問う声もあり、相談支援の質を高めるためには、コーディネーターの研修会、小学校側のニーズを把握する機会、特別支援学校としての評価（成果と課題の振り返り）が必要である。

次に、以上の5点について若干の解説を加えることとします。

## (2) 調査を通してみえてきたこと

### 1）特別支援教育に関する小学校の受け止め方

　特別支援教育を有効に機能させるための特別支援学校のセンター的機能の必要性については、概ねどの小学校も必要性を感じているという結果でした。特に知的障害のある児童、あるいはグレーゾーンや知的には高いが教科指導や生活指導に課題を有する児童に対しての支援を必要とする学校においては、その必要性の認識が高いことがわかりました。また、特別支援教育に関連する各種講習会の開催への要望も多く挙げられました。しかし、実際に支援を受けている学校は、全体の3割弱であり、特別支援教育についてもっと知りたいという要望や支援を受けてみたいというニーズはあるものの、まだ実施に至っていないという現状がみえてきました。

　支援を受けている学校の実際の支援の内容としては、生活面の指導や実態把握（各種テストの実施）、学級経営に関して、教科の指導、転学や進路に関して等の内容が多く、反面、児童への直接的な指導や学級の児童への理解や啓発、個別の指導計画や個別の教育支援計画の作成などに対する支援は少ない状況でした。しかし、実際に支援を受けた学校からは、有効であったという回答が8割程度あり、支援の実施に対する意義が示されました。

　また、支援を受けていない学校の理由としては、「校内の特別支援学級からの支援があるから」「対象となる児童がいないから」「特別支援学校のセンター的機能のことをよく知らないから」等が挙げられていました。東京という非常に人口も学校数も多い土地柄からなのでしょうか、特別支援学校のセンター的機能に関する情報が、支援を受け止める小学校側に十分にいきわたっていない状況は、ちょっとした驚きでした。

### 2）特別支援学校のセンター的機能の役割や理解促進等の課題

　特別支援学校のセンター的機能の支援を受けている学校の障害種をみると、知的障害が最も多く、視覚障害、病弱、聴覚障害は少ない・あるいはない、という結果でした。しかし、支援を受けていない学校からは、「ニーズに合った特別支援学校との連携がない」「支援を受けることができるという認識がなかった」「どのように支援をお願いしたらいいのかわからない」など

の回答が寄せられており、日常の授業を展開する中で困り感はあるものの、どこにどのように相談し、支援の依頼をすればよいのか、そもそも支援を依頼すべき内容なのかを判断する術がない等という状況をうかがい知ることができました。

### 3）専門家チームとの支援機能の連携

特別支援学校の支援を受けていない学校から、「区の特別支援教育に関する専門家チームから定期的に支援を受けている」「区の発達センターと連携している」「巡回指導員が定期的に支援に来校している」という回答がありました。特別支援学校のセンター的機能と特別支援教育に関する専門家チーム等とが、円滑な連携と役割分担を行っていくことが望ましいため、行政と連絡を取り合う必要がありますが、実際にはこの点の連携がうまくとれていないという状況がうかがえました。この点は、今後の大きな課題のひとつだと思われます。

### 4）巡回及び訪問相談の体制整備

「特別支援学校のセンター的機能を利用したい」「今も支援を受けているが、もっと多く利用したい」と望む小学校もかなりの数でみられました。支援を受けている学校もまだまだ回数や頻度が少なく、さらなる充実が望まれているという状況です。特に、単発的な相談で終わってしまっている学校が多く、「定期的な巡回指導」や「継続的な訪問指導」を望む声にどのように応えていくかは、今後の大きな課題のひとつと考えなければならないと思います。

### 5）センター的機能の質を高める評価の必要性

特別支援学校のセンター的機能の質を高めるという点から、特別支援学校の担当教員が，小学校の一斉授業や教科指導の仕方を知り、現状に即した助言ができるようになることが望まれます。

インクルーシブ教育システムをいかに効果的に稼働させるかという時代に突入している昨今、ユニバーサルデザインによる教育が模索されるようになってきています。アンケートにおいても、ユニバーサルデザインを導入した指導方法の必要性が挙げられています。こうした指導法も含めて、センター的機能の質を高めるための方策を検討するとともに、実践後の評価とそ

れに基づく改善方策の必要性も、今回の調査から示唆されました。地域の行政機関や専門家チーム、特別支援学校同士の連携協力や役割分担に対するシステムとしての評価、コーディネーター本人のスキルアップに対する評価など、学校としての「自己評価」の必要性は、今後の大きな課題であると思われます。

### (3) 今後の課題

　ここで紹介した調査研究は、東京都内の特別支援学級を設置している小学校を対象としたものなので、全国各地の標準的な小・中学校を対象とした調査研究とは幾分かけ離れた様相があるかもしれません。しかしながら、特別支援学校のセンター的機能に関しておおかたプラスの評価をしているという結果や、前述したいくつかの今後の課題には、傾聴すべきものがあったと思われます。なかでも、2015年度の調査研究①においても、より良い支援活動を行っていくための評価の在り方が大きな課題となりましたが、ここで示した調査研究②においても、「5）センター的機能の質を高める評価の必要性」で示したように、評価の問題が大きな課題として浮かび上がってきています。このことから、2017年度以降は、全国の標準的ないくつかの地域に焦点を当てて、より良い地域支援を行っていくための「自己評価」の在り方に焦点を絞って実施することとしました。

## 3　調査研究③（2017年度）
### ──センター的機能に関する評価の実態と評価方法の提案

### (1) 調査の概要

　調査研究①と②から浮かび上がった地域のセンター的機能に関する「自己評価」の課題を探るため、2017（平成29）年度においては、センター的機能の実践に取り組んでいる特別支援学校を障害種別ごとに各50校、合計250校選定し、センター的機能の実践の評価に、具体的にどのように対応しているかを質問紙を用いて調査しました。

　250校に郵送による調査を依頼し、139校から回答が寄せられました（回

収率55.6%）。この結果、「①何らかの評価を行っている」学校が50校（36%）、「②今のところ何らの評価も行っていない」学校が53校（38.1%）、「③支援を行っている小・中学校の教員からアンケート形式の評価や意見をもらっている」学校が30校（21.6%。この30校には、他の項目と重複回答した学校も含まれる）、「④どのように評価すべきか検討中である」学校が12校（8.6%）という状況でした。

　つまり、何らかの評価を意図的に行っている学校は、50校（36%）に過ぎず、他の89校（64%）の学校は、意図的には評価を行っていないという結果でした。当初の予想よりも多くの学校で意図的な評価を行っていないという結果に驚かされました。しかしながら、意図的な評価を行っていないという89校の学校の中には、どのような評価を行えばいいかを検討している最中の学校が12校あったり、意図的な評価は行っていないものの、詳細な記録をとったり相手校からのアンケートによって、様々なコメントや意見をもらったりしているので、それが評価の役割を果たしていると回答した学校などがかなりの数みられ、多くの学校において評価の大切さを意識している様子がうかがえました。

　また、評価を行っていない学校から、「どのように評価を行ったらいいかわからない」「よい評価方法があれば、ぜひ参考にしたい」「現実対応の業務をこなすのに手いっぱいで評価を行う余裕がない」といったコメントが寄せられました。

　なお、地域支援の評価に関しては、自由記述において様々な取組みの状況や意見をいただきました。これらの自由記述等を勘案して、評価に関連した参考資料を次に提示します。

## (2) 調査を通してみえてきたこと——評価の方向
### １）アンケートや詳細な記録の位置付け

　先に述べたように、調査の自由記述の中には、「支援を行うごとに詳細な記録や相手校からのアンケート等をとっているので、これを広い意味での評価とみなしている」といった記述がいくつかありました。しかし、詳細な記

録やアンケートは、評価を行ううえでの貴重な資料ではあっても、そのもの
が評価ではない点に留意する必要があります。評価と、評価を行ううえでの
基礎資料は、明確に分けて考えなければならない点を改めて指摘しておきた
いと思います。

### 2）第一義的な評価を行う部署

今回の調査結果から、何らかの評価を行っている学校が、どのような校内
部署で評価を行っているかは、「地域支援部」「教育支援部」「教育相談部」
等、直接地域支援を行っている部署で評価を行っている学校が大多数でした。
しかし学校によっては、学校評価委員会で行っていたり、教育委員会の指導
の下で行っていたりする学校もありました。もちろん、「○○で行わなけれ
ばならない」という決まりがあるわけではありません。しかし、計画を立て
て実際の支援に当たる部署に一義的な評価を行う責任があるのではないかと
思うのです。なぜなら、評価を行う第一の目的は、年度当初に立てた目標が
どの程度達成できたのか、どのような取組みが良くてどのような点に課題が
残ったか等を明らかにして、次年度以降の地域支援の取組みに活かしていく
「PDCAサイクル」の構築だからです。今回の調査からも、そのように感じ
ている学校が多いという結果が得られました。

## (3) 評価方法の提案

### 1）具体的な相談支援ごとの記録

相談支援を行うごとに、記録用紙に詳細な記録を残している学校がかなり
みられました。こうした記録は、評価を行ううえでの重要な資料となります
ので、形式を整えるなどして誰でも一定の項目に沿って記録できるような記
録用紙を作成することが大切です。

この記録用紙としては、①相談支援を行った年月日、②相談支援に当たっ
た者の氏名、③相談支援の相手、④相談支援の場所、⑤相談支援内容の概要、
⑥相談支援内容に対しての主な対応、⑦相談支援を行って感じた点（感想）
といった記録を含むシートを作成すると統一的な記録を保存することができ
るのではないでしょうか。

## 2）地域支援の対象となっている相手校からもらうアンケートの枠組み

　相談支援の対象となっている小・中学校の教員から、支援後にアンケートの記入を求める場合、表3-1から表3-3のような項目に分けた評価やコメン

表3-1　〈例1〉相談支援後の小・中学校教員によるアンケートの枠組み

＊以下の項目を4段階（㋐大変、㋑まずまず、㋒あまり、㋓全く）で評価して下さい。また、必要に応じて自由にコメントの記入をお願いします。

| 評　価　項　目 | ア | イ | ウ | エ |
|---|---|---|---|---|
| ① アドバイス等は児童生徒の実態を的確に把握するのに役立ったか | | | | |
| ② 発達検査等諸検査の実施は児童生徒の実態把握に役立ったか | | | | |
| ③ 児童生徒の問題解決のための助言や示唆は指導を進める上で役立ったか | | | | |
| ④ 児童生徒の問題解決のための助言や示唆の回数は適切だったか | | | | |
| ⑤ 現状の相談支援のやり方（訪問によって行うなど）は適切か | | | | |
| ⑥ 対象児に対する支援は学級経営や教科指導において役立っているか | | | | |
| ⑦ その他（適切な項目を設ける） | | | | |

表3-2　〈例2〉相談支援後の小・中学校教員によるアンケートの枠組み

＊以下の項目に関して自由にコメントをお書きください。

| 項　　目 | 自　由　記　述　欄 |
|---|---|
| ① 今後、貴校においてはどんな支援を求めていますか | |
| ② 特別支援学校との連携に、今後何を望みますか | |
| ③ 来年度以降に望むことは何ですか | |

表3-3　〈例3〉行事等を行った際のアンケートの枠組み

＊以下の①～⑤までの項目を4段階（㋐大変、㋑まずまず、㋒あまり、㋓全く）で評価するとともに御意見等をお書きください。また、⑥⑦に関しては、ご意見の記入をお願いします。

| 評　価　項　目 | ア | イ | ウ | エ | 自由記述 |
|---|---|---|---|---|---|
| ① 研修内容等は時機を得たものでしたか | | | | | |
| ② 研修内容等は日頃の指導に役立つものでしたか | | | | | |
| ③ 研修内容は分かりやすく参考になるものでしたか | | | | | |
| ④ 資料の内容は分かりやすいものでしたか | | | | | |
| ⑤ 研修内容は今後の職務に生かせると思いましたか | | | | | |
| ⑥ 今後どのような研修を組んでもらいたいと思いますか | | | | | |
| ⑦ 研修内容や研修の時期等に関して今後に望む点を自由にお書きください | | | | | |

トをもらうことも考えられます。

## 3）センター的機能の評価を行う枠組みの提案

　かなり多くの学校から「地域支援に関する評価のモデルがあれば参考にしたい」という希望が寄せられました。しかしそれぞれの学校で取り組んでいる地域支援の内容や方法は大きく異なります。年度初めに設定する目標（重点目標）等も異なるため、評価を行ううえでのモデルを示すことは簡単ではありません。しかしながら、今回の調査で得られた知見を基に、各学校において年度当初に目標を定め、その目標を評価するうえで必要な項目を作成する際の枠組みを示すことは可能であると考えます。

　そうした観点から、次に評価項目の枠組みを提示します。各学校においては、年度ごとに何を目標として地域支援を行うのかを明らかにして、その目標に迫るための評価項目を選定し、段階評価や自由記述による評価を織り交ぜて評価を行うことが考えられます。

　今回の調査結果を基に、特別支援学校のセンター的機能の評価を行う際の大枠を、下記の16項目にまとめました。これら大枠の項目は、各学校の実情やセンター的機能への取組み状況等を勘案して、さらに詳細な項目や評価基準を設けたりする必要があります。

① 　組織的取組み：学校の校務分掌等として取り組んだ組織の諸問題や妥当性等。

② 　計画的取組み：年度当初に計画されていた支援や年度途中で付加された支援等の妥当性等。

③ 　相談・支援方法：観察、支援会議、直接支援等の「場の設定」の妥当性、事前・事後の電話やFAX・メール等での「情報交換の方法」等の妥当性等。

④ 　相談・支援内容：相談の内容に応じた情報提供や支援、指導、コンサルテーションの内容についての妥当性等。

⑤ 　行事の実施：様々な研修会（障害理解、児童理解、実態把握の方法、個別指導の方法、授業のユニバーサルデザイン、教材教具の作成、個別の指導計画作成等）を実施するに際して、どのようにニーズを把握した

のか、そのニーズにどう応えることができたか等の妥当性等。

⑥　出前授業：特別支援学校の教員が小・中学校に出向いて、クラスの授業を担当する内容や方法の妥当性等。

⑦　他機関との連携：どのような必要性があって、どのような機関や専門家等と連携したか。その連携の内容や質の妥当性等。

⑧　実態把握のための諸検査の実施：諸検査を含めた実態把握の妥当性等。

⑨　教材教具に関する支援：教材教具作成のアドバイスや教材教具の貸し出し等に関する支援の妥当性等。

⑩　個別の指導計画等の作成に関する支援：個別の指導計画や個別の教育支援計画の作成に関する支援の妥当性等。

⑪　相談支援回数等の年次推移の統計：相談支援回数の年次推移等に勘案して、その年の活動の妥当性等。

⑫　センター的活動に関する記録のとり方：センター的活動に関してどのような記録をとってきたか、その記録は評価に役立つ妥当なものだったか等。

⑬　支援相手校のニーズや反応の受け止め：支援相手校のニーズの把握や指導助言後の反応をどのような方法で受け止めたか、またその反応等をどのように評価に反映させたかの妥当性等。

⑭　コーディネーターの専門性の確保：コーディネーター役の教師の専門性向上のためにどのような方策を講じてきたか。複数で相手校におもむく・研修会に積極的に参加する等。

⑮　児童生徒個々の支援に関する妥当性：課題を抱える児童生徒に対して、個別に支援した成果と経過の妥当性等。

⑯　地域支援を行っている学校の組織体制：コーディネーターを中心として地域支援を行っている組織（地域支援部・教育相談部等）や組織の構成メンバーの妥当性等。

## (4) まとめと今後の課題

　今回の調査では、特別支援学校のセンター的機能の評価に関して、大枠としての方向性を見出すことができましたが、「評価」という非常に大きく複雑な課題のひとつに楔を打ち込んだに過ぎないと強く感じます。今回の調査を手がかりとして、各学校で取り組んでいる具体的評価の資料を得るなどして、さらに現場教育に役立つ評価の在り方を明確にし、発信していきたいと思います。また、今回の調査においてはサンプル数が少なかったため、障害種別の違い等については詳しい分析ができませんでした。調査票の全体をみわたすと、障害種の違いも感じられます。この点についても今後の課題として検討したいと思います。

# 4　調査研究④（2018年度）
## ──「自己評価」の具体的実施方法に関する現状と課題

## (1) 調査の概要

　前述の調査③においては、特別支援学校を障害種別ごとに各50校、合計250校選定し、センター的機能の実践の評価に、具体的にどのように対応しているかを調査し、139校から回答を得ました（回収率55.6%）。この調査結果の分析から、地域支援に関する自己評価を行ううえでの大筋の方向がみえてきました。これらを示すと次のように整理できます。

　　① アンケートや詳細な記録は、評価を行ううえで大切な資料ではあるが、評価そのものではない点に留意しなければならないこと。

　　② 学校評価委員会等で最終的な評価を行うとしても、直接地域支援を行っている部署で、第一義的な評価を行うことが大切であること。

　　③ 地域支援を行った後のアンケートや詳細な記録のとり方について、大まかな枠組みではあるが、一応の方向を示すことができたこと。

　　④ 地域のセンター的機能を評価するうえでの枠組みを、16項目にわたって示すことができたこと。

　以上の成果を踏まえて、2018（平成30）年度の調査④では、PDCAサイク

ルを適切に機能させ、より質の高いセンター的機能の評価の在り方を探ることを目的としました。全国の特別支援学校のホームページを閲覧して、学校評価の報告の中に、「センター的機能」あるいは「地域支援」等の項目を設けて興味深い評価を行っている学校を80校（視覚障害：20校、聴覚障害：20校、知的障害：20校、肢体不自由：20校）選出しました。そしてこれらの学校を対象として、「センター的機能の評価を具体的にどのように行っているか」についての調査を実施しました。

　調査は、郵送による質問紙法によるもので、選出した80校中46校から回答を得ました（回収率57.5％）。この調査を分析した結果のうち、特にこれまでの調査結果に付加したい点や新たな視点として加えたい点等について、以下に整理します。

## (2) 調査を通してみえてきたこと

　調査を通してみえてきた点を、以下の５項目で示します。

### １）重点目標の設定に関する課題

　ほとんどの学校においては、PDCAサイクルを視野に入れながら、自己評価に関する各年度の重点目標を設定して支援に取り組んでいました。

　また、年度ごとに単年度の重点目標を設定するのではなく、２年とか３年先を見据えた重点目標をまず設定し、こうした長期的スパンに位置付けられた目標の基に、各年度の重点目標を設定することが大切であるという報告がみられました。

　では、いったい、どのような目標を重点目標に掲げているのでしょうか。今回の調査から上位に浮かび上がったものは、「組織的取組みに関する目標」「他機関との連携に関する目標」「相談・支援内容に関する目標」「計画的取組みに関する目標」「相談・支援方法に関する目標」「支援相手校のニーズや反応の受け止めに関する目標」「コーディネーターの専門性の確保に関する目標」でした。

### ２）自己評価の時期

　地域支援に関する自己評価の時期は、年度末に行うのが基本であり、多く

の学校がこれに沿った評価を行うため、11 ～ 12月に評価に必要な資料を収集し、1月に整理・分析を、2 ～ 3月にかけて年度末の評価を行うという手順を踏んでいました。また、いくつかの学校においては、年度の途中で実施状況を振り返り、それ以後の取組みの改善に反映させているという報告もみられました。

　多忙な校務の中における年度途中の評価は難しい面もありますが、支援を行っている具体的なケース等に対する評価については、年度途中における評価も取り入れることが大切なのではないでしょうか。

### 3）評価を行う際の指標及び段階評価の採用

　地域支援に関する自己評価を行う際、あらかじめ評価を行ううえでの拠り所となる「指標」を決めている学校は、4割弱でした。この指標としては、支援児童生徒数や支援日数・回数等の数値で比較可能なものが主として挙げられていました。

　また、自己評価を行う際、75％程度の学校で段階評価を取り入れていました。この段階評価は、3段階評価（達成できた、達成の評価は難しい、達成できなかった）、4段階評価（大変よく達成できた、一応達成できた、今後の努力に期待される、達成できなかった）、5段階評価（満足のいく程度に達成できた、一通り達成できた、課題を残しつつも達成できた、いくつかの課題を残した状態である、達成できていない）と様々でした。これらは、評価を行ううえでの拠り所としての意味をもっているといえるのではないでしょうか。

### 4）評価結果の活用

　評価結果の一番の活用は、いうまでもなくPDCAサイクルを機能させるために、次年度以降の支援計画に反映させることです。さらにそれ以外に、①成果をホームページで公表するために活用、②職員会議での詳細な報告に活用、③教育委員会に報告するための資料として活用、④多くの関係者の連携を促進するための資料として活用等、多面的に活用されています。

### 5）今後の課題として指摘された点

　今後の課題に関しては、多くの意見が寄せられていますが、その主なものをまとめると次のようになります。

① 　今回の調査は、「自己評価」の具体的対応を中心課題に据えたものであった。この調査において、多くの学校が評価の大切さを認識し、真摯にあるべき評価の方法を模索しながら実践している状況を垣間見ることができた。こうした努力にもかかわらず、多くの学校が自分たちの学校で行っている評価法が十分ではなく、もっと客観的に評価できる方法や枠組みはないものかと苦慮している様子も浮き彫りになったといえる。

　　また、センター的機能の評価をうまく活用することによって、センター的機能に関する全教員の共通認識を育てる面にも役立てる努力が大切であるという意見は、傾聴に値するといえよう。

② 　センター的機能を充実させるためには、担当する教員の専門性の担保が重要であるが、現状ではそのための養成や研修の体制が不備であり、教員の個人的な力量に委ねられている面が多いという指摘が数多く寄せられた。この課題は、学校単位の問題ではなく、教員養成やコーディネーター養成の課題として取り組んでいかねばならない。

　　また、地域の学校に出かけて専門性を発揮するためには、複数のコーディネーターで取り組む運営体制が大切であるという指摘もあるが、これは人的・財政的裏付けの大切さを指摘する課題として傾聴したいものである。

③ 　関連する分野の相互協力・連携の必要性に関するコメントもいくつか寄せられた。これらのコメントは、一層効果的な支援を推し進めるためには、関係機関との連携が大切である点を指摘するものである。また支援対象となる地域の小・中学校との相互連携や支援を必要とする児童生徒の掘り起こしに必要な情報収集のための連携等の重要性を指摘したものとしても捉えなければならない。

④ 　障害種別にこだわらないで、発達障害を含めた幅広い視野から支援することのできる体制の整備が大切であるという意見や、地域支援が相手校の依頼によって行われる現状の制度の問題点を指摘する意見等も寄せられた。これらの指摘は、今後の大きな課題であるが、これは

それぞれの学校が取り組む課題というよりも、制度との絡みも考えなければならないであろう。この課題を解決するためには、現在何が不足しているのか、どのような方向性が考えられるのか等を広い視野から議論していく必要がある。

⑤　地域支援を行ううえでは、障害児に対する正しい理解の促進が大切である点や、特別支援学校のセンター的機能を広く知ってもらうための広報活動が必要である点等も指摘された。

## (3) 今後の課題

　これまでの調査・研究を通して、地域支援に関する自己評価を行ううえでの様々な課題や問題点に関して、大方の方向性を見出すことができたのではないかと思います。

　今後においては、各学校が取り組んでいる具体的な評価の実践事例を集めてそれを分析するなど、実際に現場の実践に役立つ評価の在り方を探って提案できるような取組みを進めていかなければならないと思っています。そのため、次の段階においては、地域支援に熱心に取り組んでいる特別支援学校を対象として、実際に支援活動の中核を担っているコーディネーターの教員にインタビュー調査を行い、評価の諸問題をはじめ様々な角度からの具体的取組みの実際を探っていきたいと考えています。

## 5　調査研究⑤（2019年度）
### ──インタビュー調査による評価方法の現状と課題

## (1) 調査の概要

　過去4年間の調査研究から、「PDCAサイクル」や「重点目標の設定」を視野に入れた評価の重要性が明らかになりましたが、こうした評価の在り方を、各学校のコーディネーターがどのように捉え、感じているかという点について、追跡的に調査する必要性を感じました。そこで2019（令和元）年度は、実践的で現場教育に役立つセンター的機能の評価の在り方、センター的

機能への取組みの特色、参考となる資料の収集方法等を探る目的で、インタビューによる調査を実施しました。この調査においては、関東地域においてセンター的活動に熱心に取り組んでいる11校の特別支援学校のコーディネーターを対象として、学校に出向き、1校あたり約1時間半程度のインタビュー調査を実施しました。

　インタビューの様子は、ボイスレコーダーに収録し、その音声データを文字に起こして検討するという手法で整理しました。その結果、次の9項目にわたる諸点の資料を得ることができました。

## (2) 調査を通してみえてきたこと

　インタビュー調査においては、地域支援に関する具体的な取組みや評価の方法等に関して、様々な貴重な資料を得ることができました。こうした資料を通してみえてきた地域支援のあるべき姿や課題等を、以下の9項目に整理して示してみたいと思います。

### 1）地域のセンター的機能への取組みの方向

　今回インタビュー調査を行ったいずれの学校も、特別支援教育に関する地域のセンター的機能を果たすべく熱心な実践を展開していました。

　特別支援教育に関する地域のセンター的機能の中心的課題は、いうまでもなく小・中学校の通常学級に在籍する障害のある児童生徒に対する支援です。しかしそれ以外に、特別支援学校の児童生徒が小・中学校との交流を行う際の支援を視野に据えている学校や、小・中学校に在籍する肢体不自由児の活動を支援するボランティアの手配や援助方法を視野に据えている学校もありました。また自校に在籍する児童生徒が居住地の小・中学校と交流する場合の支援も視野に入れて、幅広く支援活動を行っている学校もあり、その実践は様々でした。地域の小・中学校に在籍する障害児に対する支援のみならず、こうした支援活動もインクルーシブ教育システムを構築するうえでは大切な側面であり、今後に広がりをみせていくことが期待されるのではないかと思われます。

　また、夏休みや冬休み等の長期休暇の期間に、地域の小・中学校に点在し

ている視覚障害等の児童生徒を集めて、活動を共にしたり、コミュニケーションの機会を設けたりするなどの取組みを展開している例もみられました（また同時に、保護者同士の情報交換の機会も設けられています）。こうした取組みも、地域における障害のある児童生徒やその家族同士の関係づくりにおいて、重要な側面であり、各地に広がっていくことが期待されます。

### 2）地域のセンター的機能の評価を行う目的

　前年度までの調査結果と同様、このインタビュー調査結果からも、地域のセンター的機能の評価を行う目的は、次の4つの点に集約することができました。

① 各年度の目標からみてどの程度満足のいく実践ができたかを振り返り、次年度以降の実践に活かすためのPDCAサイクルを機能させる。

② 「地域支援部」等の関係部署において行った評価を、学校評価委員会等で検討し、ホームページ等で広く情報公開したり、教育委員会等に報告したりする広報活動の資料とする。

③ 教員会議等で地域支援の現状や課題を報告し、全教職員の理解と協力を得るための資料とする。

④ 支援を行っている小・中学校や他の特別支援学校、あるいは医療・福祉等、連携して活動を行う機関に、資料を提供して連携を促進する。

### 3）地域のセンター的機能の評価目標の設定

　地域のセンター的機能を評価する第一義的な目的は、PDCAサイクルを機能させ、そのうえに立って各年度の実践をより質の高いものにする点にあります。このPDCAサイクルを効率的に機能させ、有意義な評価を行うためには、重点となる目標を予め定めてその目標に沿って実践し、実践結果を目標に照らしてチェックして評価することが重要です。インタビューを行った多くの学校で、このPDCAサイクルを機能させるための取組みが行われていました。また、こうしたサイクルを重視した実践を行っている学校においては、単年度ごとの重点目標を設定するのではなく、数年間を視野に入れた重点目標を設定し、そうした長期的な視野に立った位置付けの基に、各年度の重点目標を設定している学校もみられました。こうした長期的な視野に

立った実践は、今後広まっていくことが期待されます。

## ４）地域のセンター的機能の評価を行うための資料の収集

インタビュー調査を行ったいずれの学校も、地域のセンター的機能の評価に積極的に取り組んでいました。また、具体的な評価を行うためには、記録のとり方が大きな役割を果たすことが示唆されました。

記録のとり方の具体的方策に関しては、「本校教員と相手校教員との双方の評価を付き合わせながら評価の参考にする」「支援を受けた側からの評価も取り入れる」など、支援を行う側と受ける側の双方から情報を収集して評価に活かすことの大切さが浮き彫りとなりました。また、支援の経過や成果等を「見える化」することの大切さも指摘されました。

なお、「客観的な評価は難しく、ともすると主観的評価になりがちである」「支援を行う側と支援を受ける側との評価がかなり異なる場合があり、そのギャップに苦慮することがある」等のコメントも聞かれ、前向きに取り組んでいるにもかかわらず、評価の難しさはどこまでもつきまとうことを感じさせられました。

## ５）センター的機能への取組みに対する全教員の理解・協力

地域のセンター的機能への取組みに関して、全教員の理解と協力を得るために、多くの学校においては、職員会議でセンター的機能の状況や成果等を報告し、理解を促す取組みを行っていますが、十分な理解を得るのは大変だと感じている学校が少なくないようです。このような状況を打破するため、例えば、教員全員の名刺に「○○相談センター」と明記するなどして、意識を高めているという実践もありました。興味深い方策として傾聴に値するものではないかと思われます。

## ６）他機関との連携の重視

支援を行う対象児童生徒の障害の程度が広範に及ぶため、医療や福祉機関との連携を重視した取組みが多くの学校で重視されるようになってきています。また、行政組織全体で教育・医療・福祉のネットワーク網がある程度整備されつつあり、このネットワーク網がセンター的機能を運営するうえで、大きな支えになっている地域もみられました。「特殊教育」から「特別支援

教育」へと大きな転換を行った時点においては、「広域特別支援連携協議会」等を組織して、広域にわたる関係部署の連携を促進する方向が打ち出されましたが、このような組織がもう一度見直され、十分に機能する方向を打ち出してもらいたいものだと思います。

　なお、県内等の広域にわたって存在する特別支援学校が連携して、様々な情報交換を行う機会を設け、成果を上げている例がみられましたが、こうした連携も多様な障害児の支援を行ううえでは効果的なのではないかと思われます。

### 7）コーディネーターの高い専門性と苦慮する後継者養成や交通費等の捻出

　インタビュー調査の対象となったほとんどの学校のコーディネーターは、非常に高い専門性を有しており、地域の小・中学校の教員から信頼されている様子を垣間見ることができました。しかしながら、後に続くコーディネーターの養成には、いずれの学校も大きな課題を抱えており、現在中心的に活動している教員（コーディネーター担当の教員）が転勤したり退職したりした後の対応をどのようにしたらいいか、悩んでいる様子が浮き彫りになりました。

　後に続くコーディネーター養成の大切さは、多くの学校の関係者が認識しており、ベテラン教員と経験の浅い教員の2人体制で相談支援にあたるなど、いろいろな対応策を講じています。またコーディネーター養成研修の在り方や、コーディネーターの人的加配、出かけて行く場合の交通費等の捻出等との関係も深く、制度的な改革が求められていることを強く感じました。

### 8）コーディネーターの人的加配

　インタビュー調査の対象校の多くにおいて、コーディネーターのための非常勤加配等の措置が行われており、この措置によって、ある程度安定して地域支援の活動に貢献できている様子がうかがえました。また、この加配の措置は、こうした地域支援に対する校内の理解を促すうえでも大きなポイントとなっている模様です。

### 9）サテライト方式を取り入れた実践

　盲学校や聾学校等、広域にわたってセンター的機能を発揮する必要のある

場合においては、サテライト方式（遠隔地から児童生徒の支援を行うのではなく、支援を行う必要のある児童生徒の近くに支援の拠点を置いて、そこから専門的な支援を行う方式）による実践を行っている学校がいくつかみられました。

このような方式は、今後の実践に多くの示唆を与えてくれるものですが、出先機関からの支援の専門性をどのように担保するかは大きな課題となります。こうした課題を解決するために、千葉県においては、視覚障害教育や聴覚障害教育に対する経験豊かな教員を配置転換して対応するという措置を講じています。こうした措置は、参考となる事例として全国的な広がりをみせることが期待されます。

## (3) まとめ

今回のインタビュー調査においては、地域の小・中学校等に在籍している障害のある児童生徒を支援しているコーディネーターの方々から直接様々な話を聞き、非常に多くの情報を得ることができました。これらの内容は、私たちが2015（平成27）年度から5年にわたって取り組んできた「地域支援とその評価」の課題のまとめにふさわしいものでした。その中の具体的な実践例をグッドプラクティスとして、第5章の事例でいくつか紹介しますが、これを読んだ関係者の方々が、傾聴に値する貴重な参考資料として、ひとつでも多く取り上げてくださることを願っています。

## 6　5年間の調査研究をとおしてみえてきたもの

### (1) 5年間の調査研究の経緯

「日本リハビリテーション連携科学学会」の自主研究会である「教育支援研究会」においては、2015（平成27）年度から5年にわたり「特別支援学校のセンター的機能に関する実態を明らかにする」ことと「地域における特別支援教育に関わる教員にとって具体的で参考になる資料を収集する」ことを中心課題として調査研究を進めてきました。顧みると、前半は多くの学校から広い視野で情報を得る調査研究に、後半は課題に対する具体的な取組みの

内容に焦点を当てた調査研究になりました。まず始めに、これまでの調査研究を年度を追って概観してみたいと思います。

2015（平成27）年度には、関東地区の特別支援教育コーディネーターを対象として、小・中学校等に対する支援の現状と課題に関する調査研究を行いました。この調査研究から、地域の小・中学校等に対する相談支援活動は、ほとんどの学校で熱心に実施されている状況が浮かび上がりましたが、より質の高い相談支援活動を展開するためには、多くの課題が山積している点が示唆されました。

2016（平成28）年度には、支援を受ける側の小学校等が特別支援学校のセンター的機能の取組みをどのように捉えているかを探るため、東京都の特別支援学級を設置している小学校の特別支援教育コーディネーターを対象に、調査しました。その結果、大方の小学校で、特別支援学校のセンター的機能の実践を肯定的に捉えているという状況を知ることができました。

以上述べた2015年度と2016年度の調査研究から、特別支援学校のセンター的な機能を充実させるためには、日頃の実践を自己評価して、計画（Plan）→実施（Do）→評価（Check）→改善（Action）というサイクル（PDCAサイクル）を機能させることが非常に重要であるという点が示唆されました。そこで、2017（平成29）年度以降は、このPDCAサイクルを機能させるための評価の在り方を課題とした調査研究を実施することとしました。その中で特に、2019（令和元）年度においては、関東地区の特別支援学校の中から、地域支援の評価に熱心に取り組んでいる特別支援学校11校を選定し、その学校のコーディネーターに直接インタビュー調査を行うという形で様々な課題やグッドプラクティスを探りました。

以下においては、概観した5年にわたる調査研究を通してみえてきた現状や課題、あるいは多くの特別支援学校で参考となると思われるグッドプラクティスを、いくつかの観点から示してみたいと思います。

## (2) 調査研究からみえてきた実態や課題

### 1）地域のセンター的機能に関するいくつかの特色ある取組み

　多くの特別支援学校においては、地域のセンター的機能を果たすために熱心な実践を展開していました。児童生徒が通学する小・中学校等での学習や生活の諸課題を解決するため、ほとんどの特別支援学校では、小・中学校等への訪問による相談支援活動をメインに据えて実践していました。しかしながら、こうした訪問による相談支援活動以外にも、次に示すような活動を展開している特別支援学校もみられ、これらは参考にすべき活動だと思われます。

① 　特別支援学校のコーディネーターが、医療機関と連携して特別支援教育に関連する情報を保護者に提供したり、医療や生活訓練機関などとのネットワークを構築して必要とする様々な情報を提供したり、支援活動を展開したりしている事例。

② 　自校の児童生徒が小・中学校との「交流及び共同学習」を行う際の支援を中心課題に据えて実践している事例（この中には、副籍や支援籍という制度を利用した支援を中心に行っている特別支援学校等も含む)。

③ 　特別支援学校や、小・中学校に在籍する児童生徒の活動を支援する支援員やボランティアの手配、あるいはこれらの支援員やボランティアに対する援助方法を中心課題に据えて実践している事例。

　これらは、本来のセンター的な機能とは異質に捉えられる側面もありますが、地域の特別支援教育のセンター的取組みのひとつとして捉えて参考にしてもいいのではないかと思われます。

### 2）地域のセンター的機能の評価に関する取組み

　多くの特別支援学校においては、評価の大切さを認識していますが、日々の業務に追われ、十分な検討をしないまま時が過ぎているという学校や、多忙な状態の中で、様々な工夫を加えて評価を行っている学校等がみられました。

　地域のセンター的機能に関する評価を行っている学校においては、予め目標を明確にして長期と短期に分けた評価を行っている事例、区分を3段階と

か4段階に分けて評価を行っている事例、自校と相手校の双方向で評価を行いそれを付き合わせて最終的な評価に結びつけている事例、年度途中と年度末の2回にわたって評価を行っている事例、2年から3年という長期的スパンで評価を行っている事例等がみられました。

　以上のように、評価の方法は様々ですが、評価はPDCAサイクルを機能させるための重要なアイテムなので、まずは、実践を評価する際の拠り所となる目標を定め、その目標からみて実践がどのような状態であったかという点を評価することが大切だということを、念頭に置かねばならないということではないかと思います。こうした認識は、現場教育にかなり定着していることを一連の調査研究から読み解くことができました。

### 3）コーディネーターのための人的加配や交通費等の捻出

　今回の一連の調査研究を通して、コーディネーター教師のための人的加配や非常勤加配の措置、あるいは地域支援に出かける際の交通費の枠を設けている特別支援学校においては、安定した地域支援の活動が行われており、「出かけて地域支援を行う」ことに対する校内の理解も得られているという状況が示唆されました。

　教員加配や非常勤加配の措置は、校内業務が多忙であっても職員の理解を得ることが比較的容易であり、加えて交通費の枠を別立てしている等の対応は、他の出張に影響を与えないので、地域支援に対する校内の理解を促すうえで大切であるという点が示唆されました。特に、別枠による教員加配は、校内の理解を得るために非常に大切である点をうかがい知ることができました。

### 4）サテライト方式を取り入れた実践

　サテライト方式は、県下の広い地域をカバーしてセンター的機能を合理的に発揮する方法として大きな役割を果たすことが期待できるシステムです。この方式は、遠隔地の特別支援学校から地域の小・中学校に点在する児童生徒に対する支援を行うのではなく、支援を行う必要のある児童生徒の近くに拠点を置いて、そこから専門的な支援を行う方式です。このような方式は、特に県内に1校か2校しかない視覚特別支援学校や聴覚特別支援学校におい

ては重要であり、今後の実践の輪の広がりが期待されます。しかしながらこの方式は、サテライト教室における支援の質をどのように担保するのかが大きな課題となります。

### 5）他機関との連携の重視

　支援を行う対象児童生徒の障害の程度が広い範囲に及ぶようになり、医療や福祉と連携する取組みが多くの学校で重視されるようになってきました。また、行政組織全体で教育・医療・福祉のネットワーク網が整備されつつあり、このネットワーク網がセンター的機能を運営するうえで、大きな支えになっている地域もみられました。例えば、医療機関から定期的に情報を入手し保護者に提供している学校や、ネットワークを活用した利用者の利便性の向上を行っている地域などです。このような状況下においては、様々な組織と円滑な連携を行うにあたって、それを支える個別の教育支援計画の作成とその活用が大切なツールとなることが予想されます。

### 6）センター的機能への取組みに対する全教員の理解・協力

　地域のセンター的機能への取組みに関して、多くの学校が様々な方策でその活動を全教員に周知し、理解と協力を求める努力を行っていました。特に多いのは、センター的機能への取組みを、年間何回かにわたって職員会議で報告し、理解と協力を求める取組みです。しかし、このような取組みにもかかわらず、特別支援教育に関する地域のセンター的取組みは、学校全体の課題であるという点の理解を得るのは大変だという認識が、関係者の間に根強いことも浮かび上がりました。そのようななかにあって、ある特別支援学校においては、校長をはじめ教員全員の名刺に「○○相談センター」と明記する等して、学校あげて地域の小・中学校に対する特別支援教育に関する支援を行っているという点をアピールするよう努めている学校がみられ、こうした実践は興味深いものとして注目に値するといえるでしょう。

### 7）孤立しがちな子供たちとのつながりを支援

　地域の小・中学校に点在する障害のある児童生徒は、気を許して交わる友達に恵まれず、孤立しがちな日々の学校生活をおくっている場合が少なくありません。このような児童生徒の場合、意図的に同じ障害のある子供同士が

触れ合う機会をつくることは、心を解放し前向きな気持ちで活動するきっかけになることが期待されます。特別支援学校が企画するサマースクールなどの催しはそのよい機会となっています。なかには、特別支援学校に在籍する児童生徒と支援先の小・中学校に在籍する児童生徒が一緒に活動する機会となっている例もみられます。このような行事では、多くの場合、保護者懇談会も企画されています。同じ障害のある児童生徒の保護者同士のコミュニケーションは、様々な意味で精神的支えに貢献しているという報告がなされています。

### 8）コーディネーターの高い専門性と苦慮する後継者養成

　地域支援に熱心に取り組んでいる特別支援学校においては、高い専門性を有するコーディネータを中心として活動が展開されていました。こうした高い専門性は、長年にわたる自己研鑽と実践によって培われたものであり、一朝一夕に築かれたものではありません。こうした高い専門性を有するコーディネーターの後継者をいかにして確保していくかは、多くの特別支援学校の大きな課題となっています。多くの特別支援学校においては、次代を担う専門性の高いコーディネーターを確保するため、地域の小・中学校の相談支援に応じる場合、複数の教員で対応するように努めるなどの措置を講じていますが、2人以上の体制で相談に応じるための人的確保が困難なため、こうした体制をとるのは難しい状況にあるようです。専門性の高い次世代のコーディネーターを確保していくためには、地域支援を行う実践現場の努力も大切ですが、それと同時に、公的研修体制の整備や、現場で動きやすい人員の配置等が不可欠である点を強く感じました。


### (3) 今後の課題と展望

　どのような教育の場に在籍している児童生徒に対しても、そのニーズに応じた支援を行うことのできる教育の実現を目指す我が国独特のインクルーシブ教育システムは、特別支援学校のもつ地域におけるセンター的機能の実践に支えられているといっても過言ではありません。こうした特別支援学校の地域におけるセンター的機能は、多くの特別支援学校の熱意あふれる実践に

支えられて成果を上げつつあるということを、今回の一連の調査研究を通して実感することができました。しかしながら同時に、今後に残されている課題の大きさをも浮き彫りにする結果となりました。これら今後の課題のいくつかは、前述しましたので繰り返しませんが、現場教育の努力だけで解決できるものではなく、行政的レベルの改善によらなければならない側面が大きいといわざるを得ません。特別支援学校のセンター的役割の実施が、努力義務から実質的な義務に移行し、コーディネーターの定数化や予算的な裏付け等がスムーズに行われ、今日までに培われた実績の上に立って、ますます大きな成果を収めていくことを期待したいと思います。さらにいえば、働き方改革が叫ばれる昨今、小・中学校の教育現場で、教員の負担過重を招かないようにするための学級編制基準の改革までを視野に入れる必要があるのではないでしょうか。

　また、一方で、特別支援学校の教員と小・中学校の教員との連携による指導法の開発や、ユニバーサルデザインによる新たな指導法の研究等が行われていくことも期待されます。

　こうした多角的な改革によって、障害児の教育のみならず、教育条件に恵まれないすべての子供たちに明るい光がさす教育、その実現を期待してやみません。

# 第4節　評価をめぐる具体的課題と解決の方向

## 1　センター的機能充実に向けた評価の意義と目的の再確認

### (1) 特別支援学校のセンター的機能の評価の意義

　地域の障害をもつ子供や保護者等のためのセンターとしての役割を担う特別支援学校の「センター的機能」は、盲学校や聾学校などでは古くからその一部の取組みが行われていましたが、特殊教育から特別支援教育への転換の中で、特別支援学校の新たな機能として明確に位置付けられました。特別支援学校の「センター的機能」は、共生社会の実現を目指すインクルーシブ教育システムの構築の枠組みとして規定されたものに他なりません（中央教育審議会、2012）。

　さすがに最近では耳にすることはなくなりましたが、特別支援教育体制への移行直後は、「学校内の指導でも精いっぱいなのに、外部へ支援するゆとりなどはない」などと、特別支援学校のセンター的機能に否定的な動きも一部に認められました。実際、人事や経費の面で行政からの特別な配慮のない中で、学校内の努力や工夫でスタートした「センター的機能」なので、そのような声が上がるのも無理からぬところがあったともいえます。

　しかし、インクルーシブ教育システムの構築は、障害者の権利に関する条約の批准を契機としており、分離教育からの離脱という人権に関わるグローバルな課題でもあります。障害や様々なニーズのある児童生徒への支援を、先延ばしせずに教育の「場」を超えて推進していくのは当然のことだといえます。その後、人事面で特別支援学校のセンター的機能の充実のための加配措置が講じられるなど条件整備が進みつつありますが、本研究会の調査結果

からも明らかなように課題も山積しています。この取組みを定着・発展させていくためには、不断の見直しと共に制度の改善も必要です。そのためにも実践を踏まえた改善に資する評価は欠かすことができません。現場実践の改善だけでなく、制度自体の改善にも寄与できるような評価を行っていくところにもその意義があるといえます。

**(2) センター的機能の評価の目的の再確認**

　センター的機能の評価は、学校教育法第74条に規定されている「特別支援学校のセンター的機能」の取組みに関する状況を、PDCAサイクルを機能させて学校として組織的に把握し、そのうえに立って各年度の実践をより質の高いものにする点にあることは、いうまでもないことです。学校教育法第74条において、センター的機能は、「幼稚園、小学校、中学校、高等学校等の要請に応じて必要な助言や援助を行うよう努める」ものと位置付けられていますので、各学校においては、この観点からセンター的機能の取組みの充実に向けて長・中期的な計画が立案され、それに基づいた年次計画において具体的な活動が実践されているはずです。

　したがって、センター的機能の評価も、学校評価の枠組みに連動して設定された目標や具体的計画等に照らして学校全体で推進することが大前提となると考えられます。教育支援研究会による先進的取組みをしている学校を対象とした調査においては、学校評価の「自己評価」を基軸にしたセンター的機能の評価とともに様々なデータを利用した評価の取組みがなされている学校が多かったのですが、その関連が明確でない学校もありました。

## 2　調査から垣間みえる評価をめぐる具体的課題

　教育支援研究会による調査から、特別支援学校のセンター的機能の評価に関わって、各学校におけるセンター的機能への取組みの実態や抱えている課題や問題点などの一端も捉えることができました。これらの課題や問題点について、本章第1節の記述を踏まえて、以下に3つの観点でまとめてみます。

## (1) 学校としての組織的対応

　教育支援研究会による一連の「センター的機能の評価」に関連する調査で浮き彫りになってきたことのひとつに、「年度末に反省や問題点を出し合い、次年度の活動に活かすようにしている」といった回答が少なくなかったことがあります。「センター的機能」の担当者レベルでの年度末反省を「自己評価」として捉えていて、学校評価における自己評価につながっていないと推測されます。学校は、伝統的に年度末に１年間の実践を反省する、いってみれば「振り返り」の営みを連綿として続けてきました。

　天笠（2008）は、伝統的に行われている年度末反省では、目標は目標、実践の成果は成果、子供の成長は子供の成長としてそれぞれ把握し、それらを結び付けるような取組み、発想が弱かった側面が否めないということを指摘しています。教育支援研究会による諸調査の結果は、センター的機能の評価についてもこうしたレベルにとどまっている学校が少なからずあるということを示しているように思われます。先に指摘したように「センター的機能」は特別支援学校という組織の重要な特性のひとつです。したがって、センター的機能の評価も、何らかの形で学校という組織全体でなされ、学校評価とリンクした枠組みで取り組まれることが望ましいといえます。

## (2) 評価手法

### １) アンケートによる評価

　センター的機能の実施に際しては、様々な形で評価のための資料が収集分析されていますが、教育支援研究会の調査の中に、「支援を行うごとに詳細な記録や相手校からのアンケート等をとっているので、これを広い意味での評価とみなしている」としている回答が見受けられました。こうしたアンケートは、校内の自己評価項目に関しての「児童生徒・保護者を対象とするアンケート等」に相当するものではありますが、自己評価を行ううえでのエビデンスを得る資料のひとつとして位置付けられるべきものです。アンケートを実施する際には、調査項目が年間計画の枠組みに沿うものであり、改善に資する情報が得られるように配慮する必要があります。また、アンケート

では、リッカート尺度などの段階選択方式や順位方式による定量的評価を採用しているケースが多いのですが、自由記述なども取り入れて、そこから得られた定性的な情報を把握することも大事なことです。コーディングによる自由記述の分析法なども開発されていますが（高橋、2000）、こうした定性的評価をどのようにして一般的に納得のいく評価指標にしていくかの研究が今後の大切な視点となるといえるでしょう。

### 2）支援先学校の自立性、主体性、責務についての評価への反映

　教育支援研究会の調査における自由記述の中に、「支援先の担当者が目まぐるしく替わる」「毎年毎年、同じことの繰り返しで、支援の積み重ねができない」、そのため「当該児童生徒への指導の質も高まらない」という課題が認められました。小・中学校等において、特別支援学級担任等のポストにおいて、臨時的任用で教員が配置されたり、1年単位等の期限付きで配置されたりしている状況が全国的にみられます。こうした状況は、速やかに解消されることが望まれますが、その対応は支援先の学校や教育行政の分野の対応にかかっています。また、こうした支援先の事情に介入することは困難ですが、こうした点も改善課題のひとつとして捉え、支援先の自立性や主体性を損なわないように留意しながら評価項目に反映させるなど、評価の枠組みの中に組み入れていくことが望まれます。

### 3）評価項目の設定

　特別支援学校のセンター的機能の評価に関する項目は、それぞれの学校の実態や支援の実施状況に応じて各学校で適切に設定するということが大前提となります。例えば、教育支援研究会の調査では、「評価への取組みがマンネリ化している」「外部の関係機関等への障害理解をすすめる場がない」「研修会の開催を広く発信しているが、参加が多くない」「他校種との連携が必要と認識しているが十分対応できていない」等、多様な課題が示されました。こうした課題点をしっかり吟味し、年間計画へ反映させて評価のサイクルに組み込んでいくことが大切だと思われます。

　教育支援研究会では、第3章第3節の3に示したように、調査結果を基に特別支援学校のセンター的機能の評価を行う際の大枠を、16項目にまとめ

ました（82-83頁）。これら大枠の項目は、各学校の実情やセンター的機能への取組み状況等を勘案して、さらに詳細な項目や評価基準を設けたりする必要がありますが、項目検討の際に有効に活用できるでしょう。

### ４）評価項目や評価基準の設定の悩み

　調査では、評価項目や評価基準の設定の悩みが示されました。特に支援先の学校に対して「満足度を問う設問」の難しさが指摘されていました。主観での判断を求める場合が多く、同じレベルの支援であっても、ある人には「満足」であっても、別の人には「不満足」ということがあり得るからです。エビデンスのある回答が得られるようにするためには、質問を工夫するとともに量的な評価だけに頼らない手法を採用することも考えられます。

　支援先の相手校からのアンケートは、いわば、企業等のマーケティング調査等で用いられている「顧客満足度」という考え方につながるところもあります。この場合、表層的な「顧客満足度」にとらわれすぎると、当該の児童生徒への対応が適切であったかどうかではなく、印象で判断されてしまうことにつながりかねません。センター的機能の実践において、「顧客満足度」は担当者の励みにもなりますが、単に「良かった―悪かった」あるいは「満足―不満足」という指標に基づく段階評価を問うだけでは、次の改善へつながる情報は得られにくいと思われます。年度の計画あるいは、中・長期計画の取組みとして、当初の目標に照らして何が達成できて何が不十分であったのかということについて支援先との共有が必要です。そのためには、例えば、支援の基礎となる個別の指導計画や個別の教育支援計画作成への取組みの状況を評価項目に組み込むなどのように、改善に資するエビデンスが得られるような工夫をしていくことが求められます。

　また、支援先との対等な関係の構築という観点からも、「顧客満足度」を安易に「評価」に読み替えることのないように留意する必要があります。教育支援研究会の調査からは、「支援先からは巡回指導を望む声が強かった」ことや、特別支援学校の側においても、「目標の如何にかかわらず、支援先がサービスに対して喜んでくれているという数値が得られた」ということなどで「高い評価が得られた」としているケースが少なからず認められました。

こうした次元の「評価」では、対象となった児童生徒にとっての有用性や支援先の学校のインクルーシブ教育への理解の推進や授業改善につながる評価にはなっていないといえます。

　また、センター的機能は、特別支援学校が小・中学校等に一方的にサービスを提供するものではありませんが、自治体によっては、センター的機能に通級による指導を役割のひとつに入れて、直接指導が行われているケースもあります。教育支援研究会の調査からは、「個別の支援」のみに着目し、外部に「丸投げ」しようとしている学校への悩みも聞かれました。対象となる幼児児童生徒は、支援先の学校に在籍しているわけですから、インクルーシブ教育システムの構築という観点からは、双方の協働作業として行われる支援でなければなりません。特別支援学校が直接指導に力を注ぐことだけに着目していると、結果として、支援先からの要請に応えるだけの「外注」「丸投げ」となり、先方の無理解を是認しそれを強化する、本来とは逆方向にベクトルが働いてしまうことにもなりかねません。このように、設定した目標に対して選択肢による評価を行うだけでは、現状の把握と改善に資する評価を得ることは難しい場合があります。その達成状況や達成に向けた取組みの適切さ等を確認し、次の改善に活かしていくためには、定量的なデータだけでなく定性的なデータをも含めて組織的、総合的に質を重視した評価の在り方を検討していく必要があるといえます。

### 5）記録の取り方

　教育支援研究会による一連の調査からは、具体的な評価を行うためには、記録の取り方が大きく影響していることも示唆されました。記録の取り方の具体的方策に関しては、「本校教員と相手校教員との双方の評価を付き合わせながら評価の参考にする」「支援を受けた側からの評価も取り入れる」など、支援を行う側と受ける側の双方から情報を収集して評価に活かすことの大切さが浮き彫りとなりました。また、支援の経過や成果等を「可視化」することの大切さも指摘されました。

　「共通するフォーマットの登場を期待する」という声もありました。第4章で述べるイギリスでは、評価のためのガイドラインが明確に示されていま

すが、全国の特別支援学校で利用できる「センター的機能」の評価に関するガイドラインの策定も検討されてよいと思います。

## (3) 評価結果の活用

　教育支援研究会の調査からは、全教員の理解と協力を得るために職員会議でセンター的機能の状況や成果等を報告するなどの努力をしている、という回答が認められた一方、そのような努力にもかかわらず、センター的機能の活動が十分に理解されず、学校全体で共有しにくいという回答も少なからずありました。

　センター的機能は、究極的にはすべての特別支援学校教員が担えることが望まれます。特別支援学校教員はこの分野の専門性を有していることが前提となっているからです。また、インクルーシブ教育システムの構築の基盤として、ユニバーサルデザインが求められることから、特別支援学校教員には、広く通常の学校での教育実践にも関心をもっておくことが望まれます。したがって、「センター的機能」の取組みとその評価結果については、学校全体で共有していく仕組み作りが不可欠です。こうしたことへの対応策として、担当者以外も必要に応じて相談に関わってもらったり、教員全員に教諭の肩書と共に「センター的機能」部署名を明記した名刺を持たせたりするなどして、センター的機能の担い手であることを意識づけるための工夫をしている学校もありました。

　また、自己評価の結果は公表することになっていますが、センター的機能の役割や支援の実際を広く校内や保護者、地域の方に知ってもらうためには、ホームページなどにおいて情報を発信するといった広報活動が必要です。その際、校内の教職員の支援を得るなどの広がりをもたせることも大事なことです。教育支援研究会の調査からは、活動の実態とホームページの記載内容が異なっている事例もありました。内外への理解啓発のためには、正しい情報を発信していくことにも留意する必要があります。

# 3　評価の具体的枠組みと改善の方向性

## (1) センター的機能の評価の基本的な枠組み──学校評価につながる分掌の評価

　文部科学省の「学校評価ガイドライン〔平成28年改訂〕」（文部科学省、2016）において、自己評価は、「学校評価の最も基本となるものであり、校長のリーダーシップの下で、当該学校の全教職員が参加し、設定した目標や具体的計画等に照らして、その達成状況や達成に向けた取組みの適切さ等について評価を行うものである。」と記されています。自己評価では、学校として設定した目標がどの程度達成され、達成に向けた取組みが適切に行われていたかどうかを評価することになっていると理解できます。その流れは、図3-3に示したとおりです。

　「学校評価ガイドライン」では、重点化された目標設定が自己評価の始まりであり、重点目標は学校の課題に即した具体的で明確なものとすること、総花的な設定を避けて精選することが重要である、とされています。そのためには、センター的機能の目標の設定に際しては、当該分掌による評価が欠かせません。

　したがって、本節の「2　調査から垣間みえる評価をめぐる具体的課題」に示したような課題が認められた場合は、センター的機能を担当する分掌の評価として、次期の学校評価に反映されていく仕組みになっている必要があります。分掌から上がった重点目標が、学校としての重要度や緊急性などの観点から吟味されて学校評価の重点目標となっていくことが大事なこととなります。また、そうした手続きを経ることが、校内における全教員の理解や充実した体制づくりにもつながっていくものと思われます。

## (2) センター的機能の組織的取組みと評価の課題、改善の方向性

　PDCAサイクルに基づいた学校としての組織的な自己評価を実体化させるためには、組織を支える各分掌等における評価への取組みが学校評価と連動

・精選された具体的かつ明確な重点目標を設定。

↓

・重点目標達成に必要な具体的な取組み等を自己評価の評価項目として設定。
・評価項目の達成・取組み状況を把握するための指標を設定。

（重点目標の達成を目指した具体的な取組みを進める。）

↓

・学校運営に関する様々な情報・資料を、継続的に収集・整理。

↓

・全教職員の参加により、組織的に自己評価を行う。
　　その際、児童生徒・保護者を対象とするアンケート等の結果を活用する。
・中間評価を実施し、その結果に基づき重点目標、評価項目・指標等の見直しや、設置者に対して必要な支援を求めることも考えられる。

↓

・自己評価の結果及び今後の改善方策について報告書にとりまとめる。

（学校関係者評価の実施）

↓

・自己評価の結果及び今後の改善方策について、広く保護者等に公表する。
・自己評価の結果及び今後の改善方策についての報告書を設置者に提出する。

↓

・今後の改善方策に基づき、次年度の重点目標設定や具体的取組みの改善を図る。

図３-３　自己評価の流れ

出典：文部科学省（2016）p17-18 を元に要点を抽出。

しているものでなくてはなりません。つまり、「センター的機能」の充実という観点で考えると、センター的機能を担う部署においても、PDCAサイクルに基づいた目標設定から評価までの流れを大切にして、その取組みを学校評価につなげるようにしていかなければならないということになります。

　評価は、計画があってこそ意味を持つわけですから、「センター的機能」についても、学校評価の枠組みに沿って、「センター的機能」を担う分掌における年間計画をしっかり立案する必要があります。各分掌の計画は、学校全体の計画に基づいて、分掌としてのミッション・ビジョンを明確にし、年度の重点目標や活動計画を明確に示したものですから、当然、「センター的機能」の計画においても組織における担当や分担がバランスよく構成され、透明性が担保されている必要があります。学期ごと、月ごとの活動や支援スケジュールも全職員が共有できるようにして、業務の偏りなども確認できるようにしておく必要があります。

　こうしたことは、センター的機能の継続性や担当者の育成という観点からも大事なことになります。教育支援研究会の調査においても、素晴らしい実践が報告されていた学校から聴き取り調査をしようとしたところ、担当者の人事異動により、それまでの活動が全く引き継がれていなかった、という事例がありました。独善的なものや閉鎖的なものでは、組織として共有されませんし、後継者の育成にもつながっていきません。こうした状況を避けるためにも、PDCAサイクルに基づいた評価は欠かせないということになります。

　また、センター的機能は、「インクルーシブ教育システムの構築」の一環として実施されるものであり、評価結果は支援先の機関等とも共有されるものだといってよいでしょう。直接指導にあたる場合であっても、児童生徒に対する責任は、在籍校にあります。コンサルテーション機能が適切に発揮され、支援先の自立性や主体性の下にそれぞれが責務を果たしていくように評価を活用していくことが望まれます。

## 4　「評価による改善」では限界のある課題

　教育支援研究会の調査からは、「センター的機能」の改善に向けては、学校や担当者の内部努力だけでは対応が困難な人的資源・物的資源・財源に関わる課題も示されました。こうした課題については、評価に基づく改善には限界があります。しかし、運営上の課題として評価に取り上げておくことは、

長期的展望に立った改善に向けての意義があるといえます。以下にそれを示します。

## (1) 担当部署の人的加配や交通費等の財源措置

　センター的機能の充実のために非常勤加配等の措置が行われている学校では、ある程度安定して地域支援の活動に貢献できている様子がうかがえましたが、人手不足のために増加する支援のニーズに応えられないという回答も認められました。この加配の措置は、「センター的機能」に関する校内の理解の促進にも大きな影響をもっていることも認められました。外部に出かけて行く場合の交通費等の予算の配当等の財源措置についても全国的にみると地域差が認められ、対応に苦慮している学校がありました。こうした課題は学校内での改善にも限界があり、より大きな枠組みでの検討が必要だと言えます。

## (2) 専門性の向上

　センター的機能を担う担当者には、特別支援教育に関わる教職員としての専門性はもちろん、連絡・調整能力、小・中学校の教育現場への精通、場合によっては、早期からの教育相談を含めて多様な相談に対応できる能力、様々な障害への理解と指導技術、障害者福祉や障害者雇用の考え方や制度の理解、医療・福祉関係の知識なども必要となります。コンサルタントとしての資質や技能が求められることもあります。これらの資質や技能がすべて必要というわけではありませんが、個人でこうした専門性を身につけるのは大変なことです。将来的には、教員養成や現職研修の改善につなげて検討していく必要がある課題だと思われます。

## (3) 後継者の育成

　教育支援研究会のインタビュー調査から、高い専門性を有していると認められた担当者は、地域の小・中学校の教員から信頼されている様子を垣間みることができました。しかしながら、後を継ぐ担当者の養成にはいずれの学

校も大きな課題を抱えており、現在中心的に活動している担当教員が転勤したり退職したりした後の対応をどのようにしたらいいか、悩んでいる様子が浮き彫りになりました。後継者の育成に関連して、ベテラン教員と経験の浅い教員の2人体制で相談支援にあたるなど、オンザジョブトレーニングを重視した取組みをしている学校もありました。しかし、調査からは現行の枠組みでは、そうした体制をとりにくく限界があることも示されています。

## (4) 地域の実態把握と関係機関との役割分担

　特別支援学校が、地域における特別支援教育のセンターとしての役割を果たしていくためには、地域の実態を適切に把握して、学校として組織的に取り組むことが必要であることはいうまでもありません。例えば、教育支援研究会の東京都の特別支援学級担当者への調査から、様々な資源があるため特別支援学校のセンター的機能と競合する場合があることが示されました。また、支援を行う対象児童生徒の障害の程度が広範に及ぶため、医療や福祉機関との連携を重視した取組みも多くの学校で重視されるようになってきています。行政組織全体で教育・医療・福祉のネットワーク網がある程度整備されつつあり、このネットワーク網がセンター的機能を運営するうえで、大きな支えになっている地域もみられました。

　こうした場合は、関係機関との役割分担を明確にするとともに、一貫して支援していくための緊密な連携が欠かせないということになります。こうした「地域の実態の適切な把握」「関係機関との連携と役割分担」もセンター的機能の評価には大切な項目だといえます。

　なお、県内等の広域にわたって存在する特別支援学校が連携して様々な情報交換を行う機会を設け、成果を上げている例がみられました。こうした視点からの評価もこれからは意味をもってくるように思われます。

## (5) 根本的な課題解決のための将来的展望

　現在の学校教育法においては、特別支援学校における地域支援は、努力義務になっています。これを特別支援学校が遂行しなければならない義務とし、

そのための教員加配（少なくとも数名の加配）や必要な経費の財源確保を明確にするなどの措置を講ずれば、飛躍的に地域支援の体制が整い、「センター的機能」の取組みに関する地域間の格差も是正されていくのではないかと思われます。

　障害のある児童生徒やその他、様々なニーズを有する者を共に教育するという「インクルーシブ教育システムの構築」の観点からは、教員養成の在り方についてもこれまでよりも踏み込んだ改革が期待されます。これは、専門性の確保や後継者育成を下支えすることにもつながっていきます。

　また、「センター的機能」をより充実していくためには、特別支援教育コーディネーターの資質向上のための研修体制やその内容についても、これまでの取組みを振り返り、改善を図っていく必要があるでしょう。さらには、教育のユニバーサルデザインの研究と普及に関することや、特別支援教育を支える「特別支援教育支援員」の養成や研修にも目を向けていくことも、「センター的機能」の充実への寄与につながっていくと思われます。

引用・参考文献
・天笠茂（2008）「学校評価をめぐる今日的課題」、国立教育政策研究所第 25 回教育研究公開シンポジウム「これからの学校評価を考える」基調講演 https://www.nier.go.jp/kyoutsu2/sympo25-5.pdf（2020 年 11 月 1 日確認）。
・中央教育審議会初等中等教育分科会（2012）「共生社会の形成に向けたインクルーシブ教育システム構築のための特別支援教育の推進（報告）」https://www.mext.go.jp/b_menu/shingi/chukyo/chukyo3/044/attach/1321669.htm（2020 年 12 月 24 日確認）。
・文部科学省（2016）「学校評価ガイドライン［平成 28 年改訂］」https://www.mext.go.jp/a_menu/shotou/gakko-hyoka/1295916.htm（2020 年 12 月 24 日確認）。
・高橋和子（2000）「自由回答のコーディング支援――格フレームによる SSM 職業コーディング自動化システム」、『理論と方法』15（1）、149-164 頁。

# 第４章

## 諸外国の取組みから学ぶ

# 第1節 ヨーロッパ圏にみる
## インクルーシブ教育システム

　国連における一連の国際人権条約において、障害がある人に対する教育からの排除や不平等の差別の禁止が示されていますが、2000年に採択された「障害者の権利に関する条約」は、共生社会の実現への流れを加速させました。インクルーシブな教育は今や世界の潮流となっています。

　ヨーロッパ圏をみると、21世紀初頭においては、ノルウェーやイタリア、スペインなどのようにフルインクルージョン体制を目指すタイプ（one-track approach）、イギリス、フランス、デンマークなどのように多様な教育の場を用意して一人一人のニーズに応じた特別な支援教育を推進することで柔軟にインクルーシブ教育に対応しようとするタイプ（multi-track approach）と、スイスやベルギーのように通常の教育と障害児の教育を法的にも明確に分けて対応している旧来型の分離教育を重視しているタイプ（two-track approach）に分類することができました（European Agency for Development in Special Needs Education, 2003）。しかし、近年においては、義務教育の範囲ですが、EU圏31カ国の通常の学校への就学率は80.72%から99.95%の範囲（平均は98.49%）に達しています。さらに、80%以上を通常の学級で生活するインクルーシブな環境で学習している者を31カ国でみると80.72%から99.95%の範囲（平均は97.83%）に達していて、以前のようなタイプ別分類が困難になるくらいにインクルーシブ教育が進展しています。かつて、two-track approachをしていたドイツやオランダも現在はmulti-track approachに移行しています（European Agency, 2018）。

　現在の我が国の特別支援教育は、multi-track approachのタイプに属すことになりますが、こうした国々では、特別支援学校や関連機関が通常の学校と連携して、特別なニーズのある児童生徒の通常の学校での生活を支えてい

ます。我が国では、学校教育法において特別支援学校による「センター的機能」は、「努力義務」として規定されています。我が国と同じように多様な教育の場で対応している国々では、通常の学校に在籍する特別なニーズのある児童生徒への対応において、特別支援学校がどのように関わっているのでしょうか。本章では、我が国と同様に特別支援教育体制をとっているイギリスとドイツを取り上げ、通常の学校への支援やサービスをどのようなシステムの下で具体的にどのような活動を行い、その評価がどのようになされているかを探ってみることにします。

　なお、障害がある子どもを対象とする学校について、イギリスではspecial school、ドイツではförderschule（special school）と表されています。本稿では、いずれも「特別支援学校」という表記に統一して用いています。

引用・参考文献
・European Agency（2018）Eoropean Agency Statistics On Inclusive Education: 2018 Dataset Cross-Country Report. https://www.researchgate.net/profile/Joacim_Ramberg/publication/340454296_EASIE_2018/data/5e8aeac8a6fdcca789f7f176/EASIE-2018-Dataset-Cross-Country-Report.pdf?origin=publication_list（2021年3月12日確認）。
・European Agency for Development in Special Needs Education（2003）Special Needs Education in Europe THEMATIC PUBLICATION. https://www.european-agency.org/resources/publications/special-needs-education-europe（2020年8月1日確認）。

# 第2節 イギリスとドイツにおける
　　　　センター的機能とその評価


## 1 イギリスにおける特別支援学校のセンター的機能とその評価

### (1) イギリスのインクルーシブ教育の動向

　イギリスでは、多様な場が用意されていますが、「特別な教育的ニーズ（Special Education Needs; SEN）」を有する子供は基本的に一般学校での教育が保障されるべきであり、可能な限り他の子供たちと一緒に学校の諸活動に参加すべきである、との考えが明確です。日本の学習指導要領にあたるナショナル・カリキュラムも障害の有無を越えて連続性を重視しています。

　学習の場については、可能な限りできるだけ多くの子供たちが、一般学校で教育が受けられるように、ある程度の条件整備が学校において進められてきている一方で、障害あるいは SEN を有する多くの子供のためのユニット（UNIT/UNITS）や SEN ユニット（SEN UNITS）と呼ばれる個別指導の仕組みが、通常の学校内に設けられています。ニーズを有する児童生徒は、通常の学級の児童生徒との交流を行いつつ、学習の困難度等に応じてユニットで授業を受けることができる仕組みになっているのです。なかには、ユニットのみで生活する児童生徒もいるようです。special school（特別支援学校）は、通常の学校では SEN を十分に満たすことができない子供たちに教育を提供しています。保育園の年齢から 16 歳以下までの年齢の生徒が在籍しています。

　このように、特別な教育的ニーズに対応する支援サービスが通常の学校の中で進められていますが、質と量については十分とはいえない状況もあることから、改善に向けた取組みも進められています。

　2015 年の時点で、SEN の認定書をもつ児童生徒は、初等中等教育全体の

2.8%、認定書をもたない SEN 児童生徒は 15.4% となっています。また、2014 年には、「特別な教育的ニーズと障害の実施規則――出生から 25 歳まで」が改変され、特別な教育的ニーズや障害のある場合、25 歳まで継続して支援が受けられるようになっています。

## (2) イギリスにおける特別支援学校等のセンター的機能

　他方、特別教育学校に関しては、様々な障害に関する高い専門性から保護者等の信頼が厚く、特に、多くの私立の特別教育学校では、独自のカリキュラムを開発し、障害の種別ごとに支援を行う民間団体との強い連携もあり、質の高い支援教育を実践しており、重度・重複障害や感覚重複障害のある児童生徒にとって学びやすい環境も整っているといえます。通常の学校は、教科教育を基盤としたナショナル・カリキュラムが要となっていますので、教科へのアクセスに制約がある通常の学校を選択しにくいといった状況にもあり、眞城（2017）は、「特別教育に関わるスタッフの専門性を維持、発展させていく上でも、特別教育学校の必要性は、当分重視されていくと推測される」と指摘しています。

　また、特別支援学校は、地域における特別支援教育の専門機関としてセンター的役割を担っており、地域で組織的にアウトリーチサービスを提供しようとしています。通常の学校の中にもアウトリーチサービスができるリソースを有しているところがあります。また、こうしたサービスは積極的に広報されています。ロンドン西部にあるイーリング区のホームページには、地区にある様々な障害種の特別支援学校のアウトリーチサービスの一覧がわかりやすく掲載されています。関連する学校が連携してアウトリーチサービスの啓発の広報を行っており、組織的で体系だった取組みになっていることがわかります（EGfl, 2019）。

## (3) イギリスにおける学校評価とセンター的機能の評価
### 1) 学校評価の仕組み

　イギリスでは、教育水準局（Office for Standards in Education, Children's

Services and Skills; Ofsted）という政府機関が、学校評価の第三者評価にあたる学校査察（school inspection）の任を担っています。Ofsted については、専門書を参照していただきたいのですが、Ofsted の査察官による学校評価においては、SEND も評価の対象に含まれています。

Ofsted の評価は、学校の改善に反映され、「優れている」と評価されれば査察を免除されますが、「改善が必要である」と評価されると改めて正式な査察を受けることになります。また、「不十分である」と評価されてしまうと、学校の存続が問われることになります（水森、2018）。

## ２）センター的機能の評価

近年では学校査察における自己評価について、特定のフォーマットでの提供は求められなくなっていますが、Ofsted では、学校査察のための「学校査察ハンドブック（School inspection handbook）」を発行しています。それには、特別支援学校及び通常の学校での特別なニーズや障害のある児童生徒への対応に関する「教育査察フレームワーク」（EIF）という資料も付されていて、査察の対象となる7つの重要な観点が示されています。その観点は以下のとおりです。

① リーダーの熱意（Leaders ambition）
② ニーズに関するアセスメントの提供（Identification assessment provision）
③ カリキュラムの開発と適用（Development and adaptation of curriculum）
④ 保護者及び専門家の関与（Involvement parents/specialists）
⑤ 学校生活のすべての側面での包含（Inclusion in all aspects of school life）
⑥ サービスの成果（Outcomes）
⑦ 次のステップや生活に向けた準備（Preparation for next steps/life）

また、特別支援学校によるセンター的機能（Outreach）については、2008年に子供・学校・家庭省が「SEN サポート及びアウトリーチサービスのための品質基準」（イギリス　子ども・学校・家庭省：現教育省、2008）を示しています。ここで示されている品質基準も、業務の遂行の質を保つための自己評価に向けて有効に活用することができそうです。その基準は表4-1に示し

表４-１　SENサポート及びアウトリーチサービスのための品質基準の枠組み

| | | 内容 |
|---|---|---|
| アウトカムに関して | 標準1 | アウトカム（結果）に向けた進捗状況は体系的に記録及びモニターされる。 |
| | 標準2 | このサービスでは、適切な資格を持つ専門スタッフの最新の専門知識と専門知識に基づいて支援が促進される。 |
| | 標準3 | 保護者は常に相談を受けて、必要に応じて支援の一環として児童生徒の学習や発達を支援することに関わる必要がある。 |
| | 標準4 | 明確なアウトカム（結果）は、サービス提供者と利用者によって合意される。これは「依存の文化」を排するために取られる措置である。 |
| | 標準5 | サービスには、地方自治体の方針、児童生徒の個別計画、学校のニーズ、地域の初期の設定とその他の規定、及びCYP（Children and Young People）のニーズの範囲を考慮した明確な目的がある。 |
| | 標準6 | サービスでは、介入に関するフィードバックを定期的に収集し、それを基にサービスの品質を向上させる。 |
| サービスの提供と管理に関して | 標準7 | リーダーは明確なビジョンを持ち、サービスの目的を開発し、多様性を受け入れる。 |
| | 標準8 | リーダーは、すべてのスタッフの間で継続的な改善と卓越性の文化を動機付け、サポートし、認識する。 |
| | 標準9 | リーダーは、CYP、保護者、学校、初期の設定、及びその他の規定との良好な関係を維持する。 |
| | 標準10 | CYP、保護者、学校、初期の設定、及びその他の規定は、サービスの開発に完全に関与している。 |
| | 標準11 | 定期的に作成、レビュー、更新されるサービス開発計画がある。 |
| | 標準12 | 主なプロセスは、サービスユーザーやその他の利害関係者を完全に満足させ、価値を高める。 |
| | 標準13 | スタッフの資源が計画、管理、及び改善される。 |
| | 標準14 | スタッフの経験、知識、能力が特定され、開発され、維持され、認識される。 |
| | 標準15 | 他のサービスプロバイダーとの連携により、サービスが補完的で、使いやすく、効果的であり、利用者により良いサービスを提供するために統合されていることを確認する。 |
| | 標準16 | 財源と資源は、サービスのパフォーマンスと運用要件をサポートするために効果的に管理される。 |

出典：イギリス　子ども・学校・家庭省：現教育省（2008）より。

たとおりです。


## 2　ドイツにおける特別支援学校等のセンター的機能とその評価


### (1) ドイツのインクルーシブ教育の動向

　ドイツでは、特別支援教育については伝統的に分離型のスタイルで特別支

援学校を核としたシステムでの取組みがなされており、我が国以上に障害種を細分化した特別支援学校が設置されていました。しかし、EU圏におけるインクルーシブ教育の推進や2007年の障害者の権利に関する条約への署名（ドイツは2009年に批准）などを契機に、トップダウンでインクルーシブ教育の推進が進められるようになりました。2016年に成立した「障害者権利条約のための国内行動計画2.0（NAP2.0）」には、インクルーシブ教育の一層の徹底化が示されています（東京都教育委員会、2020）。具体的にヘッセン州学校法（HSchG）において、インクルーシブ教育への取組みの理念が次のように記されています。

「すべての生徒が、共に育ち共に学ぶことが可能な限り実現され、すべての生徒が配慮されるように学校を運営することは、一般学校の任務です。それぞれの身体的、社会的、情緒的、認知的発達は個に応じて適切に促進されます」（ヘッセン州学校法、2018）。

この州法には、特別なニーズの教育を受ける資格のある生徒は、通常の学校でも学ぶことができ、インクルーシブ教育の責任は、通常の学校にあるということも明記されています。通常の学校にするか特別支援学校にするかという就学先の選択権も保護者の判断に任されています。このように、近年のドイツでは、インクルーシブ教育にかなり踏み込んだ取組みがなされるようになってきているといえます。ドイツは連邦制なので、州ごとに教育法が異なります。州によっては以前からインクルーシブ教育に積極的な取組みがなされていましたが、障害者の権利条約批准以降、国全体の流れが大きく変わってきているといえます。

## (2) 特別支援学校の発展とセンター的機能への取組み

しかし、こうした潮流の中で、ドイツでは、特別支援学校を廃止するという方向には必ずしも進んでいません。むしろ、通常の学校でのインクルーシブ教育の質を保障するため機能を拡充する方向にシフトしている傾向にあります。州によって名称は異なるのですが、「地域アドバイザーサポートセンター」（Beratungs- und Förderzentren; BFZ）、「特別支援教育及びアドバイスセ

ンター（Sonderpädagogische Bildungs- und Beratugszentren; SBBZ）」「教育相談及びインクルーシブ教育アドバイス・サポートセンター（Schulpsychologische und Inklusionspädagogische Beratungs- und Unterstützungszentren; SIBUZ）」など、地域の学校に在籍する児童生徒を積極的に支援する部門（以下、サポートセンター）を特別支援学校に設け、その機能を強化させるという方向に動いています。

　このサポートセンターは、我が国の「センター的機能」の内容と共通するところが多いのですが、不安定な状態に置かれている我が国の「センター的機能」とは異なり、財政面、運営面、人事面でも明確な位置づけがなされています。サポートセンターに所属する教員は、通常の学校に赴いて、先方の教員と共働して、専門的な視点から障害がある児童生徒等の指導や相談にあたります。支援は先方からの要請により「契約」を交わして実施されることになっています。責任の所在についても先方の教員と対等の関係で共働して実施されること、特別なニーズに対応した支援に関しては通常学校と特別支援学校の教員が共に責任を負うことなどが明確にされています。無償のサービスではありません。また、サポートセンターの教員の持ち時間数が決まっていて、1校で満たせない場合は、複数の学校を訪問することもあります。

　また、通常の学校における授業の実施主体はあくまで通常学級の教員であり、サポートセンターの教員の対象は特別なニーズを有する児童生徒であるということになっていますが、当該児童生徒が生活している集団から孤立しないようにするために、1対1に固執しないような配慮もなされています（安井・千賀、2015）。

　このように、特別支援学校は、旧来の学校としての機能とサポートセンターとしてセンター的役割を果たす機能をもつように変貌してきています。地域によっては、特別支援学校の在籍児童生徒が減少してきています。したがって、こうした学校では、学校内で指導を担当する教員が少数となり、サポートセンターに所属して地域の学校を支援する教員が多数を占めるようになってきているところも出てきています（Reh & Holler-Zittlau, 2019）。将来、このセンターが発展していき、在籍者のいない学校になるところも出てくる

ことが予想されています（Europian Agency for Special Needs and Inclusive Education, 2020）。

### (3) ドイツにおける学校評価とセンター的機能の評価

#### 1）学校評価の仕組み

　ドイツでは、1990 年代に学校の教育の質とその発展についての議論が激化し、連邦州による学校評価が始まりました（板野、2003）。現在は、学校の質を確保し、学校をさらに発展させるために、すべての連邦州において、学校が継続的な評価を実施することを義務づけています。

　ドイツの学校評価は、外部評価と内部評価に区分されます。外部評価では、学校の所在地や学生、教師、財政的及び空間的施設、ならびに学校と授業のプロセスの質などの枠組みの条件が調べられ、学校の文化、学校の雰囲気、教育の質、及び学校としての業務の結果などが評価の対象となっています（榊原・辻野、2010）。

　内部評価は、学校自体で検討し、実行するものです。学校として達成した質のレベルを評価し、保護者の評価も得て、改善に向けての対策と目標の合意を導き出します。内部評価と外部評価は、学校改善に向けて常に互いに補完し合うものとされています。自己評価は、内部評価と同義に用いられることもあるようですが、狭義には、こちらは教師が個人として自分の活動を体系的に評価するものだと理解されているようです（ヘッセン州学校法、2018）。これらの評価結果は、州の査察官による査察の対象となります。BFZ や SBBZ 等の取組みについても、当然外部への貢献などが評価の対象となってきます。

#### 2）センター的機能の評価

　バーデン＝ヴュルテンベルク州のある SBBZ では、表 4-2 に示したようなサービスに対応していることを WEB で明らかにしています。内部評価及び外部評価においては、こうした取組みの達成度や質が、学校評価の枠組みにおいて検討されることになります。

　なお、2017／2018学年度に、ヘッセン州におけるサポートセンターと通

表４-２　バーデン＝ヴュルテンベルク州にある SBBZ のサービスの内容

・SBBZ のスタッフの一般学校の授業への関与。
・インクルーシブな診断の一環としての対象となる児童生徒の利用可能なリソースの把握、それらに応じたサポートのニーズの明確化。
・児童生徒の発達レベルについて保護者への伝達。
・保護者や通常の学校の教師と共に「個別支援計画」の策定に参画。
・適切なサポートシステムの構築における保護者への支援。
・必要に応じてサポートのためのネットワークの形成。
・面談による通常の学校の教師への支援。
・通常の学校での学習が可能な児童生徒への一定期間にわたる支援。

出典：バーデン＝ヴュルテンベルク州ラウダ・ケーニヒスホーフェン特別支援教育及び支援センターのホームページより。

常の学校との間の協力の枠組みや取組みを評価することを目的とした調査が、サポートセンター教師及び通常の学校教師計 150 人を対象に実施されています（Reh & Holler-Zittlau, 2019）。その調査結果に評価と関連する事項が含まれていますので、以下に、その概要を整理しておきたいと思います。

　ア）サポートセンター教員の勤務状態

　　①　サポートセンターの教員１人当たりの支援先学校担当数をみると、１校のみが 51.7％、２校が 46.6％、３校が 1.7％であった。

　　②　複数の教員で通常の学校に赴いているケースは 83％を超えていた。

　イ）協力関係

　　①　サポートセンター教員の 87.9％、及び通常の学校の教員の 92.3％が、友好的に共働作業ができていると受け止めている。

　　②　通常の学校の 80％の教師が、適切かつ効果的な支援がなされていると受け止めている。

　ウ）責任の履行

　　①　回答者の 75％以上が、責任が明確に果たされていると受け止めている。

　　②　サポートセンター教員の 89.1％は、インクルージョンの実現に重要な役割を果たしていると実感している。

　　③　サポートセンター教師の 67.2％は、自分の仕事に満足しており、サ

ポートセンターで働き続けたいと考えている。

エ）リソース

① サポートセンターの教師の87.9％と通常の学校の94.1％が、資源の増強を望んでいる。

② サポートセンターの教師の9.1％は、資源を増やせばインクルーシブ教育の改善が期待されるとしているものの、実際にうまくいくかどうかは担当教員の技量と努力によると感じている。

③ 通常の学校教員の75％は、特別なニーズのある児童生徒への支援の機会が不十分であると感じている。

④ 通常の学校の教員の約15％は、サポートセンターの教員に対して、指導力、業務に関するトレーニング、資格、関係者間の役割理解等に不満を感じている。

オ）今後改善すべきこと

① 協力する時間やチームづくりなどの形で、合意形成を図るための時間帯を確保する。

② 毎日、通常の学校にサポートセンター教員を派遣する。

③ サポートセンター教師を通常の学校に長期滞在させる。

④ サポートセンターの教員が作業する部屋と備品等を確保する。

⑤ 学校間の協定において、オーダーに関する透明性の高い説明、目標の決定、中核となる能力の形成とを結びつける。

⑥ サポートセンター教師の労働条件と労働時間について透明性を高める。

⑦ 通常の学校とリポートセンターに共通する責任の理解の促進を図る。

⑧ チームの構成とタスクと役割の明確化のための上級の研修を実施する。

⑨ 法的根拠のある上級研修に面接スキルを加える。

⑩ 合議によるケースへの助言と体系的なコンサルテーションを実施する。

⑪ 大学との連携や研究セミナーの改善を図る。

⑫　インクルーシブ教育体制における役割と職務について早期から準備
　　を進め、サポートセンターと通常の学校における双方の教員養成の改
　　善を図る。

⑬　通常の学校とサポートセンターの資源を増強する。

　この調査結果からは、サポートセンターと通常の学校との協力の枠組みや
双方の責任の範囲については明確になっているものと理解できます。しかし、
実際の実施に際しては、まだまだ改善の余地があることが読み取れます。我
が国のセンター的機能の取組みにも通じるところがあるように思われます。

# ３　まとめ

　本章では、イギリスとドイツにおける特別支援学校の「センター的機能」、
つまり、アウトリーチの取組み状況について概観しました。

　イギリス、ドイツ共に特別支援学校によるセンター的機能が行われている
ことが確認できました。両国とも、特別支援学校のセンター的機能が、学校
システムの中に明確に位置づけられており、財政面や人事面での裏付けが明
確になっていました。また、インクルーシブ教育への対応が通常の学校にも
浸透していることもあり、通常の学校と特別支援学校の共同作業として位置
づけられていて、通常の学校が「センター的機能」に依存し、丸投げをする
ということがないように、評価にもそのことがしっかり反映されていました。

　それに対して、我が国の「センター的機能」は、法的には「努力義務」に
とどまっているため、具体的な資源の投入や人材育成が大局的な見地からな
されているとは言い難い状況にあります。そのためか、民間や自治体による
人材育成や資格認定が統制されない状態で広がっているという傾向も認めら
れます。センター的機能の充実にあたっては、それぞれの自治体の方針や特
別支援学校の努力にも影響を受けるため、地域による取組みの質の差も生じ
てきています。

　このように、「センター的機能」への取組みが同じようになされていても、

そもそもの土壌が異なっているため単純な比較はできないのですが、両国での取組みにおける課題点は、長い時間軸でとらえると、我が国の「センター的機能」の取組みに参考になるのではないかと思われます。

　さて、本題の評価に関連してですが、イギリス、ドイツ両国ともに、学校評価のシステムが定着しており、外部の公的な査察チームにより、厳格な評価がなされるようになっています。センター的機能（アウトリーチ）についても、その枠内で評価活動が行われていることが確認できました。

　特にイギリスでは、センター的機能の評価に関しても、明確な「品質基準」が示されていました。そしてその目指すゴールは、「支援が児童生徒にとって有効であったか」ということであり、「センター的機能」の活動が実際に当該児童生徒の生活や学習の向上や質の充実に寄与しているかどうか、また、そのためのマネジメントや人的・物的資源等の環境条件が適切であったかどうかも評価されるようになっていました。こうした明確な基準に基づいてなされる評価は、当事者には大変厳しい側面もありますが、国が責任をもって対応していることの証左でもあり、教育システムの改革や資源の投入及び人材育成等に正面から取り組もうとしていることの表れでもあります。

　ひるがえって、我が国では、学校評価の制度自体がインセンティブの不明確な緩やかな仕組みとなっているうえに、「日本型のインクルーシブ教育システムの構築」も、通常の学校に比べ特別支援学校に負荷がかかるような構造になっています。このような状況の中で、特別支援学校においてセンター的機能を担っている担当者は精いっぱいこの仕組みを支えようとしています。そういう方々にこそ、日本国外での様子を知ってもらいたいものです。

引用・参考文献

・Department for children, schools and families（イギリス　子ども・学校・家庭省：現教育省）（2008）Quality Standards for Special Educational Needs（SEN）Support and Outreach Services. https://dera.ioe.ac.uk/8552/1/00582-2008DOM-EN.pdf（2021年3月12日確認）。

・Department for education（2015）Special Educational Needs in England: January 2015. https://assets.publishing.service.gov.uk/government/uploads/system/uploads/attachment_data/file/447917/SFR25-2015_Text.pdf（2020年8月1日確認）。

・EGfL（2019）Outreach Support from Special Schools for pupils with SEN and ARP. https://www.egfl.org.uk/services-children/special-educational-needs-and-disabilities-send-and-inclusion/outreach-support（2020 年 8 月 1 日確認）。

・European Agency for Special Needs and Inclusive Education（2020）Country Information for Germany - Systems of Support and Specialist Provision. https://www.european-agency.org/country-information/germany/systems-of-support-and-specialist-provision（2020 年 11 月 1 日確認）。

・Hessisches Schulgesetz（ヘッセン州学校法）（2018）Hessisches Schulgesetz. https://kultusministerium.hessen.de/sites/default/files/media/hkm/lesefassung_schulgesetz_mit_inhaltsverzeichnis_zweispaltig_stand_30.05.2018.pdf（2020 年 10 月 1 日確認）。

・板野慎二（2003）「〈諸外国の動向〉ドイツ　教員・生徒・保護者が行う評価を基本として――緒についた学校評価」、『CS 研レポート』50、22-25 頁。https://www.shinko-keirin.co.jp/keirinkan/csken/pdf/50_04.pdf（2020 年 11 月 1 日確認）。

・水森ゆかり（2018）「学校評価の評価手法に関する課題」、『四天王寺大学紀要』66（9）、257-266 頁。

・文部科学省（2016）「学校評価ガイドライン〔平成 28 年改訂〕について」https://www.mext.go.jp/a_menu/shotou/gakko-hyoka/1295916.htm（2020 年 12 月 24 日確認）。

・Ofsted（2017）*School Inspection Handbook: Handbook for inspecting schools in England under section 5 of the Education Act 2005*, pp.38-73.

・Reh, A., Holler-Zittlau, I.（2019）Inklusion in Hessen: eine Untersuchung zur Zusammenarbeit von regionalen Beratungs- und Förderzentren und Allgemeinen Schulen. *Zeitschrift für Heilpädagogik*, 70.

・榊原禎宏・辻野けんま（2010）「学校評価における外部評価論の選択――ドイツ、ヘッセン州の例を手がかりにして」、『日本教育経営学会紀要』52、80-93 頁。

・眞城知己（2017）『イギリスにおける特別な教育的ニーズに関する教育制度の特質』風間書房。

・Sonderpädagogisches Bildungs- und Beratungszentrum Lauda-Königshofen（バーデン = ヴュルテンベルク州ラウダ・ケーニヒスホーフェン特別支援教育及び支援センターのホームページ）Sonderpädagogischer Dienst. https://sbbz-lauda.de/sonderpaedagogischer-dienst.html（2020 年 8 月 1 日確認）。

・東京都教育委員会（2020）「インクルーシブ教育システム調査・研究事業報告書　第 3 編海外調査」。https://www.kyoiku.metro.tokyo.lg.jp/school/document/special_needs_education/files/report/3.pdf（2020 年 11 月 1 日確認）。

・安井友康・千賀愛（2015）「ドイツ・ニーダーザクセン州における特別支援学校のセンター的機能の拡大――インクルージョンの実践事例から」、『北海道教育大学紀要 教育科学編』65（2）、55-71 頁。

第 5 章

センター的機能の実践事例から学ぶ

本章は、2019（令和元）年度にインタビュー調査を行った関東地区の特別支援学校のなかから、センター的機能に関して興味深い実践を行っている学校の事例を紹介します。表題は、以下のとおりです。

# 第1節 PDCA サイクルを重視した目標設定と 評価の実践

## 1 センター的機能を活性化させる PDCA サイクル

　センター的機能を展開する過程は、計画（Plan）→実施（Do）→評価（Check）→改善（Action）というサイクルで進めていくと、質の高い支援を行うことが期待できます。多くの学校では、意識せずにこのサイクルで進めている取組みが散見されます。各学校で随所に隠れているこのサイクルを拾い出し明確にすることによって、潜在的な組織の力を顕在化させ、内外の評価を高めていくことができるのではないかと思われます。学校組織全体として、支援すべき児童生徒の支援目標を明確にして達成のための計画を立案し、その計画に従って支援活動を実施し、実践によって得られた成果を評価し、問題点を分析して改善していくことが求められます。

　以下にその事例として、「サマースクールの実践」及び「ピアサポートの実践」の2つの取組みを紹介します。

## 2 〈事例1〉サマースクールの実践

**(1) サマースクールの概要**

　年間を通して必要性の高い支援のひとつに、小・中学校に散在している孤立しがちな障害のある子供たちのつながりを支援する行事があります。学校によって名称は異なりますが、一般的には夏休みを活用して行われる行事を「サマースクール」、冬休みを活用して行われる行事を「ウィンタースクール」等と称しています。なかには、小・中学校に在籍する障害のある子供た

ちと支援学校に在籍する子供たちを一緒にして活動している学校もあります。また、児童生徒が活動しているこうした機会を利用して、保護者同士が集まって懇談会を行う企画もみられます。

## (2) サマースクールの目標

　広域の小・中学校に散在する障害のある児童生徒同士や保護者間の交流を図ることを目標として行われます。一緒に楽しめるスポーツやレクリエーションをとおして、心の底から楽しみ共感する体験を積むことを大切にしています。

## (3) サマースクールの計画（Plan）

　参加する児童生徒の様子から、適した内容を組み立てて全員が参加できるように実施計画案を作ります。

　その後、学校の承認を得て保護者にお知らせを配布します。配布先は、通級や訪問によって指導をしている児童生徒、教育相談で来校した児童生徒等です。案内文の配布時期は、以前は実施の1～2カ月前に行っていましたが、年度当初の4月に文書を配布したりメールによる連絡を行ったりしたところ、参加者の増加がありました。夏休み等の長期休暇は各家庭で様々な計画を立てるので、早めの通知は参加者を増やすためには重要です。保護者からの返信は、郵送、FAX、メール等を活用しますが、出席・欠席にかかわらず回答を得るようにします。様々な連絡方法の中でメールの活用は返信が早くでき交信記録も残るので良い方法です。

　次に計画段階で把握できた参加児童生徒が活動できる内容を考えます。小・中学校の通常の学級で学習している児童生徒は、日常の学校生活では障害に応じた施設設備が十分にないことや通常のルールで遊ぶという環境で過ごしているので、この行事では障害があっても活発に楽しめる内容を用意します。ポイントは、全力で体を動かせるスポーツ、見えない見えにくい等の障害があっても楽しめるゲームを用意することです。集まる児童生徒のグルーピングは、仲間意識を育てられるように、学年ごとの横のつながりを重

視したり、行事を長く経験した児童生徒と初めて参加するような児童生徒が同じグループになったり、幅広い関係ができるように工夫します。通級担当者や訪問担当者等から児童生徒の状況を聞いておくと、活動しやすい組織作りに役立ちます。

　次に、活動に必要な材料や場所を確保して保険加入の準備をします（保険はコンビニエンスストアやインターネットでも加入できます）。保護者に案内する文例を表5-1に示します。

## (4) サマースクールの実施（Do）

### 1）担当者の打合せ

　前日には、分担した内容に沿って担当者が会場や使用する物品の準備や打合せを行います。当日は、実施1時間前に担当者が集合し細かい打合せを行います。担当者は、特別支援学校の教員のほかに、大学の学生やボランティア等も手伝いに入っているため、活動を具体的に図示したりするなど、わかりやすい打合せが必要です。また、指導対象の児童生徒は、普段は一緒に活動していない者同士なので、それぞれの児童生徒の名前、障害の様子、特筆するような事項等を確認し、担当者が留意すべき事項を整理します。次に、時程の確認、担当者の確認、緊急時の対応、忘れ物をした場合の対応、保護者懇談会の内容、記録のとり方、アンケートのとり方などを打ち合わせます。

### 2）児童生徒の活動

　活動は、一日の中で導入の活動、体を動かす活動、学習を楽しむ活動というような骨組みを考えます。

　導入の活動は、参加する児童生徒同士が顔見知りの場合もあれば初対面の場合もあることを想定します。自己紹介は定型文を予め示してゲーム的にアレンジします。例えば、「○○さんの隣の○○です。○○小学校です」という内容を示します。導入の活動では、積極性の違いで参加頻度に差がでない工夫も必要です。

　体を動かす活動として、個々の児童生徒が仲よくなれるような1対1の対面活動をローテーションで行い、交流のウォーミングアップを図ります。活

表5-1　保護者への「サマースクール」の案内

令和○年○月○○日

通級・訪問・教育相談対象の保護者の皆様

○○○○特別支援学校　教育支援部

「サマースクール」開催のお知らせ

**目的**

障害のある児童生徒同士・保護者間の交流を図る。

**日時・場所**

　令和○年○月○日（○曜日）9時30分から15時15分　　　本校各教室

　9:15　受付開始。9時15分〜30分の間に多目的室に集合してください。

　9:30　多目的室集合、はじめの会

　9:45　活動1　室内ゲーム（転がし卓球、転がしボウリング）

10:30　休憩

10:50　活動2　運動系ゲーム（転がしドッジボール）

11:50　スイカ割り

12:25　昼食（弁当）

13:25　活動3　理科実験（ガスバーナーを使ったカルメ焼きつくり）

14:45　多目的室集合、終わりの会、感想発表、解散

15:15　終了

※保護者の皆様は、見学の後、懇談を行います。


**持ち物**

弁当、水筒、敷物、参加費用（人数で当日決定しますが1000円未満の予定です）、白杖、帽子、汗をかいた時の着替え、ハンカチ、ちり紙、弱視レンズ等の補助具、上靴、スイカを受け取る容器、その他各自必要な医薬品など。

※持ち物には記名をお願いいたします。


　　問合せ先：○○○○○○特別支援学校

　　　　　　　教育支援部　　○○

　　　　　　　TEL　○○-○○○○-○○○○　　FAX　○○-○○○○-○○○○

動を促す例として、次のようなゲームがあります。

　ひとつは、転がし卓球です。床に座り両足を開いてお互いの足の裏を合わせて、鈴入り卓球ボールを打ち合います。双方の４本の足が柵の代わりになるため、ボールを打ち返すことができる達成感を味わうことができます。もうひとつは、転がしボウリングです。レーンの横に壁を作ってノンガーターにして必ずピンが倒れるようにします。これらのゲームは２人１組で行うので、社交性が十分にない児童生徒もここで意思の表出ができるようになります。２分から３分でペアを交代します。

　ここで大切なのは、予めローテーション表を作成しておくことです。同じペアができたりして、右往左往すると活動が停滞してしまいます。進行役である教員は、児童生徒が主体的に動けるような環境をつくることが重要です。休憩時間は、導入活動で打ち解けた児童生徒同士が仲よくできる時間なので、時間を多めにとります。

　午前の締めくくりは、何かを得られるものがある活動を組みます。スイカ割りは、目隠しをした挑戦者を皆が声や手拍子で誘導し、失敗したり成功したりして和気あいあいとした雰囲気を醸し出すことができます。スイカ割りのほかに、ミニトマトすくい、お菓子釣りなど、個人差が出にくい活動を用意することも大切です。そして、昼食時に活動の成果で得られた物を食べることも楽しみになります。

　午後は、学習を楽しむ活動を用意します。普段の学習では十分な満足感が得られなくても、ここでは〝できる〟という気持ちが得られるように、実技教科をアレンジします。カッターを使ってものづくりをしたり、包丁を使って調理をしたり、ガスバーナーを自分で扱って実験をしたりというような内容です。ここで大切なのは、通級による指導や訪問による指導では味わえない同じ障害のある児童生徒同士が共同で活動する喜びを感じることです。

### ３）保護者懇談会

　児童生徒が活動している時間に懇談会を行います。参加者は、通級や訪問による指導を受ける児童生徒の保護者、教育相談を受けている児童生徒の保護者、特別支援学校に在籍する児童生徒の保護者となっています。それぞれ

の保護者は、初対面の場合もありますが、過去に支援を受けていた保護者同士が久しぶりに対面するケースもありました。通級や訪問による指導を受けている児童生徒の保護者は、所属している学校では「障害がある」という共通の悩みを保護者同士で話し合う機会がほとんどありません。このような背景のなかで、保護者懇談会は通常の学校で孤立感のある保護者が共感的な話し合いができる良い機会になっています。

## (5) サマースクールの評価（Check）

### 1）児童生徒の評価

　サマースクールの帰りの会では、児童生徒が感想発表を行います。朝の会での自己紹介のときよりも皆元気な声で発表をしてくれます。その中に、「○○さんと久しぶりに会えて嬉しかった」「ルールがわかりやすくて活動が楽しかった」「思い切り体を動かせた」などの答えが返ってきます。

### 2）保護者の評価

　保護者懇談会が終了したら、その段階でアンケートをとります。回答には、「同じ障害のある児童生徒同士が一緒に集う機会は少ないので、このような行事はありがたい」「通常の学級ではできないスポーツを集団で、時には競い合うという経験はとても貴重な経験になった」「実技教科は、障害への配慮があり参考になったので在籍校に伝えてみる」などの内容がありました。

## (6) 改善すべき点（Action）

　支援担当者側の反省評価には、「実施した活動への安全面の配慮がもっと必要なのではないか」「場所が狭かった。人数に応じた面積を確保すべきである」など、児童生徒の感想や保護者からのアンケートでは示されない内容もありました。評価結果を踏まえて次回行事への改善を図っていきます。

## (7) まとめ

　このように、障害のある児童生徒が集い、同じ立場の保護者の話し合いができる行事の企画は、特別支援学校ができる専門性の高い支援方法のひとつ

なので、継続して行っていくことが大切なのではないかと思っています。

## 3 〈事例2〉PDCA サイクルを取り入れたピアサポートの実践

### (1) ピアサポートの概要

　学校における教育相談は教育活動全体を通じて、また様々なリソースを活用して、保護者のニーズに応えることが必要です。これまでの多くの教育相談は、一定の経験のある教育相談担当者が行う対人援助型が多かったのですが、ここで紹介する事例は、現在、課題をもっている各地に散在する孤立しがちな保護者と過去に同じ経験をもつ保護者による体験談を交えた活動という形で実施した内容です。今回のサポートは、教員だけではなく、同じ体験をもつ保護者が現在悩みをもつ複数の保護者へ共同で行った支援の事例です。

### (2) ピアサポートの目標

　同じ課題をもつ保護者同士のつながりをつくること、同じ体験をもつ保護者の体験談を聞き共感的な心情を共有することを目標にしました。

### (3) ピアサポートの計画と実施（Plan → Do）

　今回は図5-1に示すように、相談から改善までを7段階のプロセスで構成しました。

　第1段階は一般的に行われている教育相談です。第2段階は教育相談で得られた相談内容の類別とピアサポートが必要かどうかという判断です。第3段階は参加者の決定です。低学年の2名の児童の保護者AさんとBさんが小学校入学後に急激に視力が低下し、学習や生活に困難を抱えているという相談内容をもっていました。過去に同じような体験をもつ卒業生の保護者Cさんに、ピアサポーター役としてミーティングへの参加をお願いしました。第4段階は内容の企画です。保護者同士が初対面なので、了解を取ったうえで教育相談時に聞き取った内容を共有しました。この後、コーディネーターは日程の調整にあたります。ここまでが計画の段階です。

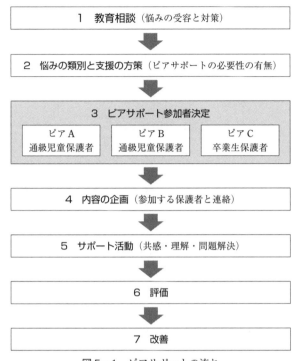

図5-1　ピアサポートの流れ

　次に、実施の段階に入ります。第5段階は当日のサポート活動です。ミーティングを実施する部屋は教育相談室や会議室ではなく、児童が普段指導を受けている教室を使用することで緊張を和らげました。コーディネーターは保護者の発言に偏りがでないように、また指導的な役割にならないように、話の流れを肯定します。それぞれの保護者が困難を感じている様子が語られオーバーラップされると、その出来事に共感して、時折皆で涙を流す場面もみられ、お互いに支え合うという感覚が生まれました。

**(4) ピアサポートの評価（Check）**

　保護者の評価から、特別支援学校が保護者間のコミュニティを形成し、悩みを解決する機会をつくるというセンター的な役割を果たしたと、読み取る

ことができます。具体的には以下のような内容です。

　○ピアサポートを受けたＡさん

　　周りに同じ境遇の保護者はいませんが、つながりができたことや共感する内容も多かったことから、安心感が生まれました。それから、私は今の娘の状況に対応していくことで精いっぱいでしたが、もっと先を見て動かなければいけないということに気づくことができました。会はたいへん有意義なものでした。

　○ピアサポートを受けたＢさん

　　大変貴重な体験談を聞くことができました。点字習得がどれだけ大変で将来にとっても大切かということも教えていただきました。点字で学習を行い、進学したい大学に入学でき、将来の夢に向かって頑張っている姿は、励みになりました。そんな将来に向かって、何を選択していくべきか日々悩みながら私どもも前進していきたいと思います。また、母親として考えることや悩むことなど、とても共感し合えたことも嬉しかったです。少ない障害なだけに、地域では同じ悩みをもつ方もいないので、またこのような機会をぜひつくっていただけたらと思います。

　保護者の評価の共通点は、「同じ課題をもつ保護者が周りにはいないが、今回の活動でつながりができたこと、共感する内容が多かったこと」などでした。

## (5) ピアサポートの改善（Action）

　保護者のアンケートから、日標に挙げた内容がある程度達成できていることがわかりました。しかし、この取組み自体が比較的新しい形態なので、計画する側も参加する側も改善点に気がつきにくいので、アンケートだけではなく、今後の取組みに関して直接意見を聞くことも大切だと思います。

## (6) まとめ

　本事例では、参加する保護者の課題を限定し参加者を調整したことで、一

定の方向性を見出すことができ話題を焦点化することができました。ピアサポートの意義は、教師やカウンセラーとの相談では得られない保護者同士の深い共感的な感情の享受という点にあります。教師やカウンセラーが入り込むことのできないところにも、同じ悩みをもつ保護者同士だからこそできる精神的な支援があり、問題を解決していくうえで大きな影響力をもつことがわかりました。円滑に進めるには、広い視野に立った情報の把握が必要ですが、やりとりの中には個人情報が出てくることもあるので、慎重な対応も求められます。今後は、様々な課題にフォーカスしたピアサポートを進め、悩みをもつ保護者の支援形態の選択肢のひとつになるようにしていきたいと考えています。

## 4　PDCAサイクルを取り入れることによる成果

　センター的機能には様々な展開方法がありますが、今回はサマースクールとピアサポートを取り上げ、計画（Plan）→実施（Do）→評価（Check）→改善（Action）というサイクルを重視して計画し、それに沿った評価を行っている事例を紹介しました。計画段階で目標を立てるときは、ハードルを上げすぎず達成が可能なものにすることが大切です。実施段階では、進捗状況を把握し、目標が達成できているか、改善すべき部分はないか等を確かめながら進めます。評価段階では、定性的な評価と定量的な評価が得られるような工夫を行うことも大切です。各学校で行われているセンター的な機能の活動記録とその整理で、改善へ向けた資料が整うのではないかと思います。このPDCAサイクルを円滑に進めることで、支援を担当する者以外への理解も促進され、学校組織の力量を向上させ、よりよい支援ができるような環境を構築していくことができるのではないかと思います。

# 第2節　ネットワーク改善を目指した評価の実践

## 1　センター的取組みの概要

### (1) 学校の概要

　A特別支援学校（以下、本校）は、幼稚部・小学部・中学部・高等部及び高等部専攻科を設置する県立で1校の聴覚特別支援学校です。幼児児童生徒数は138名、全教職員数は156名の規模です。寄宿舎も設置しています。また、0歳からの乳幼児期支援を行っています。

### (2) 地域のセンター的機能を担う組織

　幼・小・中・高等部と並ぶ「部」として、2004（平成16）年度に「地域支援部」を設置し、県内の聴覚障害教育のセンターとしての機能を果たすべく、様々な活動を実施しています。2007年度には、校内にも関わるため「支援部」と改名して体制を再編成し、「きこえとことばの相談支援センター」という名称を掲げ、県内の聴覚障害のある乳幼児児童生徒への支援を行うとともに、校内の自立活動の指導・支援等を担い、その充実を目指して活動しています。

　支援部は、部長、副部長を中心として、現在は9名で組織されており、大きく分けて次の4部署の指導・支援を行っています。

　　① 校内外の自立活動に関する指導・支援

　　② 乳幼児期支援（0歳〜2歳への支援）

　　③ 個別教育相談（3歳からの幼児児童生徒・保護者・教員等への相談支援、幼・保・小・中・高・特別支援学校及び関係諸機関との連携を重視した支

援）

④　通級指導教室（難聴通級指導教室及び難聴特別支援学級のない地域の小・中学校に在籍する難聴児童生徒への指導・支援）

なお、支援部の教員は、基本的に全員が特別支援教育コーディネーターとしての役割を担います。

## (3) 年間スケジュール

地域のセンター的機能の活動の主な年間スケジュールは次の通りです。

### 1）きこえの相談会

①　市及び特別支援学校と連携した各地域で行われる、きこえの相談会（随時）

②　関係病院における、きこえの医療教育相談（毎月1回）

### 2）関係諸機関に対する研修会

①　きこえとことばの地域支援研修会（5月、授業参観を含む）

②　きこえとことばの基礎講座（夏季休業中）

③　市及び特別支援学校と連携した各地域で行われる、きこえの研修会（随時）

### 3）保護者に対する研修会

①　祖父母両親講座（乳幼児期支援の保護者・祖父母等が対象、学期に1回）

②　きこえの保護者勉強会（通級児童生徒の保護者及び県内の聴覚障害のある児童生徒の保護者が対象、夏季休業中）

### 4）関係機関との連絡会議

年3回、県聴覚障害教育ネットワーク推進連絡協議会（以下、協議会）を開催しています。この協議会は、聴覚障害教育に関する情報交換を行い、県における聴覚障害教育の推進・充実を図るとともに、よりよい体制づくりに資することを趣旨とします。参加者は年々増加し、2020年度は107機関で、県教育委員会、県総合教育センター、各教育事務所、全市町村教育委員会、関係特別支援学校、県内すべての難聴特別支援学級・難聴通級指導教室、大学附属聴覚特別支援学校、市療育センター、関係大学、関係医療機関です。

本校で協議会を開催しています。

## ５）小・中学校の児童生徒等に対する個別的相談支援

　小・中学校からの要請に応じて、来校相談・電話相談・訪問相談等を随時行っています。窓口は教頭または主幹教諭で、小・中学校の管理職からの教育相談の申込みを受けます。その後、保護者から詳しい相談内容を聞き、支援部の担当を決めて相談を開始します。きこえに関する相談、きこえに伴う言葉・育て方の相談、就学相談等、相談内容は多岐にわたっています。教員からの指導に関する相談も受けています。

## (4) スケジュールを実施するまでの手順

　支援部の担当が計画立案し、部会で提案し検討します。そして、企画会議で、部長が提案し管理職及び各学部主事の理解を得た後、職員会議で報告し、全教員の理解と協力をあおぎます。

　なお、企画会議とは、校長・副校長・教頭・主幹教諭・各学部主事・教務主任・支援部部長・進路指導主事・研究主任・生徒指導主事・寄宿舎主任による会議で、ここで了承を得たものが職員会議で提案及び報告されます。

## (5) 地域のセンター的機能の評価

　PDCAサイクルを意識した、計画・実行・評価・改善を行い、よりよい活動を目指して、次のような評価を実施しています。

## １）支援部部員による評価

　ひとつの取組みが終わるたびに、部員による項目ごとの自由記述のアンケートをとり、成果と課題について評価し、部会で検討して次回の計画に反映させます。必要に応じて、企画会議で報告します。

## ２）全教員による評価

　学校全体に関わる取組みについては、全教員による段階評価を含んだアンケートを実施し、成果と課題・今後の方向性を出して、部会で検討して次回の計画に反映させます。その評価は、必要に応じて企画会議を経て職員会議で報告します。

### ３）年度末の学校評価

　年度末に全校の保護者及び教員を対象に行う学校評価アンケートは、地域支援の内容を含んだ段階評価で実施し、それを集計し考察します。職員会議で共通理解し、保護者には学校評価についての報告会をもちます。また、開かれた学校づくり委員会で評議委員にも報告し、意見を得ます。評議委員のメンバーは、学識経験者（大学名誉教授）、聴覚障害者協会会長、同窓会会長、関係病院耳鼻咽喉科医師、基幹就業支援センター長、保健福祉センター課長、町内会長、PTA会長、近隣小学校長などです。

### ４）教育相談及び通級による指導等の評価

　担当者同士で幼児児童生徒の状況について報告し合い、共通理解をして、指導・支援にあたっています。保護者とは、その都度あるいは年度末に電話または面談によって、幼児児童生徒の様子について話し合い、支援及び指導はどうだったかなどを評価し合っています。

　また小・中学校とは、電話または訪問により児童生徒の状況を話し合い、支援及び指導について評価しています。必要に応じて、企画会議で報告します。アンケートによる評価は行っていませんが、県教育委員会の教育相談・地域支援に関するアンケートに回答しています。

### ５）本校で実施する、きこえの研修会の評価

　校内外対象の研修会を夏季休業中に２日間実施しています。参加者全員に講座ごとの段階評価と自由記述によるアンケートをとっています。このアンケートは、講座のもち方、内容、わかりやすさ等々、多岐にわたっているので、自分たちの反省の材料として貴重なものです。人気の講座は、引き続き計画に入れるようにします。「こんな内容の講座をやってほしい」という意見も多くあり、次年度の計画の中にできる限り取り入れるようにしています。また、パワーポイントの字が小さくて見づらい等の指摘をいただき、反省材料にしています。

## (6) 今後の課題

### 1) 地域支援の取組みの啓発に関する課題

　地域支援の取組みについて、どんなことを行っているのか、学校全体に啓発することはなかなか難しいものがあります。地域の市教育委員会や小・中学校、特別支援学校への支援がどんどん広がり、地域の人たちには、聴覚障害に関する支援を行っていることに対する理解が深まってきていますが、校内の教員や保護者にあまり知られていないという状況が起こりやすいです。そのため、学校だよりやホームページに掲載したり掲示物で広報したりして教員及び保護者に広く知らせるよう努めています。また、教員には職員会議で紹介していますが、さらに啓発に努力していく必要があります。

### 2) 聴覚障害教育の理解啓発に関する課題

　協議会に多くの市町村教育委員会の担当指導主事が参加し、地域の小・中学校に在籍する聴覚障害児への支援の輪が広がっています。しかし、その担当者は2〜3年で代わることが多く、理解が深まったと思うと再びスタートラインに戻るというサイクルの繰り返しです。人が代わっても同様の支援がなされるような体制をしっかりと築いていく必要があります。協議会において、障害理解の基本的なことは毎年繰り返して行い、その中で、その時々の状況に合わせた取組みの工夫をしていかなければなりません。いずれにしても、意識の高まりや理解の深まりがなかなか進みにくい状況があるという点に留意しながら取り組んでいく必要があります。

## 2　〈事例〉ネットワーク改善に資するための評価の実践

　本校は、県立で1校の聴覚特別支援学校として、県内の聴覚障害教育のネットワーク構築を目指して2011（平成23）年度から、協議会を開催しています。年3回の開催のたびに段階評価と自由記述のアンケートをとり、より良い会になるよう努めています。年間スケジュールの項で述べたように、参加対象者についても評価アンケートによる改善によって年々増加していきました。ここでは、段階評価を取り入れた評価により、どのような取組みの改

善が行われたかを紹介します。

## (1) 段階評価を元にした協議会の内容の改善

### 1) 全体テーマ及びサブテーマ

　毎年、協議会の1回目に全体テーマを提示し、地域の状況が大きく異なることを考え、地域ごとに実情に合ったサブテーマを決めて話し合うようにしてきました。テーマを決めたことで話し合いが焦点化し、地域ごとの課題が明確になり、課題解決の方向性について話し合えることが評価アンケートからうかがえました。地域別グループ協議の段階評価や自由記述により、テーマがあったほうがよい、という評価を得て継続しています。

### 2) 校内授業参観

　2学期の2回目の協議会では、校内授業参観を行い、聴覚障害教育の理解を深めます。午後約3時間の協議会の中で、40分の授業参観を組み込み、分科会も行っていくことは日程的にとても難しいことではありますが、この授業参観は、段階評価で常に「とても良い」の高い評価を得ているので、なくすことのできない内容です。

　40分のうちに急ぎ足で全校を回り聴覚障害教育の全体像を見ることはできますが、最近では、参加申込みの際に、幼稚部・小学部・中学部・高等部のうちどこを中心に参観したいか、希望をとるようにしてみました。10名程度でグループ分けをして、支援部の教員が説明しながら案内します。これは、評価アンケートに「幼稚部を中心に見たい」等の意見がみられたことから、考えだされました。参観中、熱心に質問する先生も多くいます。また、「もっと長くじっくり見たい」という意見も何人かにみられました。時間的には、会の運営上、40分がギリギリのところです。しかし、参観するところを絞ればじっくりと参観することができます。評価アンケートにより、このような改善をすることができました。

　段階評価を取り入れた評価アンケートへの記入は、協議会の最後に5分程度時間をとるようにしました。そうすることにより、真剣に考え、落ち着いて評価した結果を記入してもらえると考えています。

## 3）情報交換コーナー

　協議会は、全体会→分科会→全体会という流れで構成しています。初めの全体会では、まず、県教育委員会からの挨拶で県の教育方針や最新情報をお願いしています。市町村教育委員会の指導主事にとってこれらは聞く機会が多くあるので、低い評価となりがちですが、「小・中学校や特別支援学校の教員にとっては貴重な話だ」と高い評価を得ているため、重要な項目として継続しています。また、情報交換コーナーを設けています。特に、このコーナーは段階評価を取り入れた評価アンケートから参加者のニーズを探り、魅力ある内容になるように評価結果を反映させています。下記の内容は、その中で特に高い評価を得たものです。

①　耳鼻咽喉科医師からの最新情報

②　関係大学の取組み「情報保障の遠隔操作」紹介

③　聴覚障害に関するワンポイント研修：教室での配慮事項を支援部部員によるロール・プレイングで知らせました。また、参加者である言語聴覚士による補聴システムに関する最新情報について、ミニ講義を行いました。

④　市教育委員会の特色のある取組み紹介：市教育委員会主催の特徴のあるきこえの相談会についての報告を得ました。

## 4）レポートの活用

　2回目の協議会では、それぞれの立場で聴覚障害教育に関する内容をレポートにまとめるようにお願いしています。市教育委員会からは市の聴覚障害教育の状況について、難聴通級指導教室からは児童の様子及び通級による指導の状況について、特別支援学校からは校内外の聴覚支援の状況についての報告を得ました。分科会で、地域ごとに分かれ、レポートを元に話し合います。レポートを元にすることにより、話し合いの具体性が増し、サブテーマについて深めることができたという良い評価がアンケートからうかがえました。

## (2) 段階評価を元にした分科会のもち方の改善

　分科会は基本的に地域ごとの分科会とし、地域の実情に合わせたサブテーマについて話し合いました。段階評価を元に進めていたところ「同じ立場同士で意見交換したい」「同じ立場の人たちがどのように対応しているか、話し合いたい」という意見がアンケートからうかがえました。支援部としても同じ立場である機関別の分科会をやってみたいという意見も出ていましたが、教育委員会の指導主事の人数が多く、部屋の問題があったり、難聴特別支援学級・難聴通級指導教室の担当者は研修会で何度も顔を合わせていたりするため、実施に踏み切れないでいました。それが、段階評価に後押しされた形で、次のような機関別グループ分けの実施に至りました。

① 　教育委員会グループ

② 　難聴特別支援学級等グループ

③ 　特別支援学校グループ

　医療・大学関係者は3つの分科会を回り、話し合いに参加するようにしました。

　地域別グループの場合は、その地域の実情に応じて聴覚障害教育をどのようにしていけばよいか、様々な立場で話し合えるという良さがあります。一方、機関別グループの場合は、市町村教育委員会として何ができるか、難聴特別支援学級や難聴通級指導教室の立場ではどのような指導・支援ができるか、特別支援学校の特別支援教育コーディネーターの立場ではどのような地域支援をしていけばよいかということを、同じ立場同士で深めていくことができます。どちらも大事なことですので、段階評価を取り入れた評価を十分に分析して、参加者の声に寄り添いながらどちらもバランスよく行っていくことがよいと考えています。

　このように、参加者の評価を反映していくことを大切にして進めています。

## 3　段階評価を取り入れた評価の成果

　以上のように、協議会の実施のたびに評価を重ね、さらに聴覚障害児のよ

りよい環境を求めて、取り組んでいます。多忙である指導主事等が参加の必要性を感じるように企画していくことはなかなか難しいものがありますが、段階評価を取り入れた評価は、評価者にとって評価しやすく短時間で行うことができます。自由記述欄のみのアンケートに比べて、段階評価を取り入れたほうが自由記述欄に感想や意見を書く傾向が高くなるように思います。段階評価の中には、「あまり良くなかった」「良くなかった」という場合も、もちろんあります。その場合、どうして良くなかったのかという自由記述欄の意見をしっかりと受け止め、次回は、どうすればよいか検討していきます。このように、得られた評価は次回の企画をする際の検討材料にして、できる限り反映していくようにしました。評価に示した自分の意見が取り入れられると、参加者は共に会を創りあげているという意識をもち、能動的に参加するようになると感じています。

　協議会において、段階評価を取り入れた評価に重きを置いて取り組み、効果が出たことにより、夏季休業中に実施している研修会にも取り入れ、参加者の意見を反映した評判の良い研修会になっています。他の取組みについても段階評価を取り入れた評価を積極的に行っていきたいと思います。

　最後に、段階評価を取り入れた評価アンケートを表5-2に資料として示します。

表5-2　段階評価を取り入れた評価アンケート

令和○年度第2回県聴覚障害教育ネットワーク推進連絡協議会アンケート

令和○年○月○日

| 所属 | | 名前 | |
|---|---|---|---|

　本日は、ご出席いただき、ありがとうございました。皆様のご意見を参考にさせていただき、今後の「協議会」をさらにより良いものにしていきたいと思います。ご協力をお願いいたします。

1　①～③について（　）に○印をつけ、□□にご意見・ご感想をご記入ください。
（ア）とても良かった　（イ）良かった　（ウ）あまり良くなかった　（エ）良くなかった

①校内・授業参観　　　（ア）（　　）　（イ）（　　）　（ウ）（　　）　（エ）（　　）

②情報提供コーナー　　（ア）（　　）　（イ）（　　）　（ウ）（　　）　（エ）（　　）

③機関別グループ協議　（ア）（　　）　（イ）（　　）　（ウ）（　　）　（エ）（　　）

2　情報提供として取り上げてほしい内容やご要望がありましたら、ご記入ください。

3　全体へのご要望等がありましたら、ご記入ください。

ありがとうございました。
アンケート回収箱にお入れください。

# 第3節　外部からの情報を生かした評価の実践

## 1　センター的取組みの概要

### (1) 学校の概要

　埼玉県立Ａ特別支援学校（以下、本校）は、小学部・中学部・高等部を設置する知的障害特別支援学校で、埼玉県南部地域内のＢ市・Ｃ市を通学区としています。児童生徒数は183名、教員数は79名です。

### (2) 地域のセンター的機能を担う組織

　本校では「支援部」という組織を設け、学校内外の児童生徒の支援を実施しています。支援部の構成員は、専任コーディネーター２名と、小学部担当４名・中学部担当２名・高等部担当３名に加え、2020年度は研修担当を１名配置し、総勢12名で校内の研修や校外の研修支援等を担当しています。

### (3) 年間スケジュール

　通学区であるＢ市では、①児童生徒の積極的な実態把握に努め、特別な教育的支援を要する児童生徒の教育的ニーズに応じた支援体制を早期に確立すること、②本校のセンター的機能の計画的、効率的な活用を推進すること、という２つの目的で、市内各小・中学校に年間１回以上の巡回相談を実施するよう求めています。

　そのため、Ｂ市の通学区内小学校18校、中学校９校については、例年５〜７月末に市教委を通じて各校１回目の日程調整が行われ、年間１回は本校が訪問することになっています。２回目以降は、相手校からの直接要請に応

じて訪問日程を調整するため、臨機応変の対応を基本としています。研修依頼、出前授業についても同様の対応をしています。もうひとつの通学区であるＣ市については、小・中学校から直接要請を受け、その都度日程調整をし、訪問等を実施しています。また、幼保、高等学校については、Ｂ市、Ｃ市とも各園・学校から直接要請を受けて、訪問等を実施しています。

　以上のように、日程・回数ともに臨機応変を求められることが多いことから、地域のセンター的機能に関する年間スケジュールに関しては、通年という形で全教員の理解と協力をあおいで立案しています。

## (4) 地域のセンター的機能の評価
### １）評価を行う組織

　ひとつには、センター的機能を担う支援部内での分掌評価があります。もうひとつには学校全体の評価があり、学校自己評価システムシートに「質・量ともに適切な支援と情報の共有ができたか」を評価指標として掲げています。しかし、巡回相談等の地域支援に関しては、専任のコーディネーター2名で担っているため、全体に還元した評価の検討が難しく、組織としての評価が充分でない現状です。また客観的評価の方法を導入していくことが今後の課題です。

### ２）評価を行う手がかりとなる記録や資料

　日時と訪問依頼先から出された主訴、対象児童生徒の実態と本人の困り感がどこにあるか、観察者の見立てと主訴に対しての教材の工夫や支援の仕方の提案等フィードバック時のやりとりを記録として残しています（後出；表3点）。年度末には訪問数やケース数、研修支援等の内容をまとめ、コーディネーターの活動報告としてセンター的機能の取組み状況報告書を作成し、校内研修の一環として報告会を実施しています。作成した報告書については、次年度関係諸機関に配布し、本校の取組み状況を理解していただく一助としています。Ｂ市では、年度初めに関係する特別支援学校が集められ、市教委と年度の方針や取組み方の確認を行っています。本校からは、この資料を元に前年度の申し送り事項や巡回の在り方を伝えるとともに、市教委に届いて

いる巡回相談への意見や要望をうかがうこともでき、外部からの評価を知る良い機会となっています。

### (5) 今後の課題と感じている点

　地域支援、特に小・中学校に対する支援は本校職員全体で取り組む意識が弱く、専任コーディネーターに一任されているのが現状です。必然的に、巡回相談等を行った学校から届く感想、意見等評価に値するものは、特別支援学校に対するものではなく、学校から個、もしくは個から個へのフィードバックにしかなっていないため、学校全体で地域を支えるという観点で取り組むにはどのような方法があるかを現在検討しているところです。客観的評価も大切なものと考え、どのような指標をもって客観的評価とするのか、その方法を検討していきたいと考えています。

## 2　〈事例〉巡回相談の記録を元に、評価と改善を行った事例

### (1) 巡回相談の概要

　本校は、学区が2市に収まる比較的小規模な知的障害特別支援学校です。そのうちのB市においては、前述したようにすべての小・中学校について、年1回以上は巡回して情報交換を行い、特別な教育的支援を要する児童生徒の支援体制を整え、計画的・効率的な支援活用を推進するように努めています。

　巡回相談の実施内容としては、各校で特別な支援・配慮が必要とされた児童生徒に対する個別的相談を受けること（巡回相談）、教員を対象とした特別支援教育に関する研修を実施すること（研修支援）、特別支援学級に在籍する児童生徒への支援方法や教材の提供などを行うことなどがあります。こうした巡回相談を実施し、ここ数年は年間約200〜300ケース数で関わっています。

　B市内の小・中学校を年間1回以上訪問するなかで、各学校との情報共有と適切な連携については、初期の目的を達成できていると感じています。し

かし、具体的な支援活動に関しては、学校間でのばらつきが大きい点も感じています。例えば、巡回相談の支援対象児として挙げられるケース数のばらつきの大きさ、校内での対象児童生徒のフォロー体制や支援後の変化等に関する情報提供の有無等が挙げられます。

## (2)「巡回相談記録用紙」の変更（表5-3と表5-4）

　対象児のケース数に関しては、多ければ支援のニーズが高いというわけではなく、校内の支援委員会等でどういった検討がされて対象児として挙げられたか、校内でどの程度の情報共有がなされているのかが重要であると感じ

表5-3　巡回相談記録用紙（変更前）

| 平成　　年度　巡回相談記録用紙　　第　　回 | | | | | 学校名 | | | | | |
|---|---|---|---|---|---|---|---|---|---|---|
| 児童生徒氏名 | | | 男　女 | 担任氏名 | | | | | | |
| 学年　　組 | 年　　組　　特　普 | | | 確認印 | 校長　教頭　主幹　Co　養護教諭　学年 | | | | | |
| 支援の経過や変容 | | | | 前回以降の検査・相談等の記録・他機関との連携等 | | | | | | |
| 主訴 | | | | | | | | | | |

巡回相談等の記録

| 実施日 | 観察 | 月　　日　　校時　授業 | 相談 | 月　　日　　時から　　時 |
|---|---|---|---|---|
| 出席者 | | | 記録者 | |

相談の記録

| 観察における実態 | 支援方法や手だて |
|---|---|
| | |

確認事項　次回巡回予定等

| |
|---|
| |

表5-4　巡回相談記録用紙（変更後）

巡回相談記録（継続含む）　　　　　　　　　　　　　　　　（　　　　　　　　　学校）

| (ふりがな)<br>氏　名 | 性別 | 生年月日<br>20　年　月　日（　歳　月） | 年　　組<br>担任 |
|---|---|---|---|

| | |
|---|---|
| 初回巡回相談→A特別支援学校へ<br><br>月<br><br>日送付 | 巡回相談日：20　　年　　月　　日 |
| | 支援会議参加者： |
| | 主訴 |
| | 協議内容 |
| | 今後の対応・方向性 |
| | 具体的な指導や対応の工夫<br>（誰がどんなときに・どんな支援を）　➡　　　現在の状況（　　月現在）<br><br>次回の巡回相談時、もしくは1～3カ月後を目安にご記入いただいています。 |

| | |
|---|---|
| （　月　日）の巡回相談→A特別支援学校へ<br><br>月<br><br>日送 | 支援会議参加者： |
| | 主訴（現在の気になる行動・問題点　初回のその後も含めて） |
| | 協議内容 |
| | 今後の対応・方向性 |
| | 具体的な指導や対応の工夫<br>（誰がどんなときに・どんな支援を）　➡　　　現在の状況（　　月現在） |

ています。校内委員会等でしっかり検討し、精選されて申し込まれたケースは、その後の支援の情報共有と継続が有効に働いているものが多い傾向にあります。そのため、1回に相談を受けることができるケース数を絞らせていただくようにしたところ、校内で検討を重ねて巡回を申し込んでくださる学校が増え、巡回相談を活用する意義や捉え方に変化がみられるようになったと感じています。また、各小・中学校の教員間で支援に関する情報共有がなされるか否か、年度が変わっても支援が継続されていく体制が整っているか否かの「支援の継続性」等にも、大きな課題があると感じています。

　こうした問題点をできるだけ軽減するために、本校では2019（令和元）年度から、巡回相談に使用する「巡回相談記録用紙」を変更しました（表5-3と表5-4）。内容は大幅に変更し、他校の実践例を参考に課題と考えられる「情報の共有」と「支援の継続性」の2点の改善を目的として本校に合わせた形式で作り直しました。一番の変更点は、協議内容を経て「今後の対応・方向性」の欄を設け、話し合われた支援策を3つに絞って記入するようにしたことです。

## (3) コンサルテーション

　巡回相談時に実施されるコンサルテーションでは、担任教師から主訴や普段の様子を聞き、行動観察等も踏まえて「明日から使える支援策」を話し合っていきます。しかし、視点の違いからか、実践された内容を後日うかがうと、こちらの提案とのギャップを感じることも度々ありました。そこで、記録用紙の「今後の対応・方向性」の欄では「誰が・どんなときに・どんな支援を」を明確にした「具体的な指導や対応の工夫」を記入する欄を設け、またその内容を2〜3カ月実践した後、次回の相談時に「現在の状況」として変容を記入してもらう形式にしました。

　実際に支援策を実施する場合には、担任教師が困り感を抱え込んでしまうのではなく、同学年担当の教師や学年主任の協力が必要となるケースが多いので、そういった支援策について管理職への周知も必要となる場合があります。

　1ケースあたり20〜40分程度になるコンサルテーションの内容をすべて記録し、情報共有することは双方にとって負担となることもあるかと思うので、3つに絞って記入する形式としました。そうすることで、コンサルテーション後に今後試してみる内容の確認も明確かつスムーズになり、コンサルテーションに同席できなかった場合の学年主任や管理職との情報共有も負担が軽くなることが予想されます。上記のことから、課題とした「支援に関する情報共有がなされること」の点は改善できたと考えています。

　また、「現在の状況」の欄を設けることで、一定の区切りが見え、支援方法の継続が必要か否か、支援方法の再検討が必要か否かについて考えるきっかけづくりになるのではないかという点、またその取組みの内容と結果を提出してもらうという点が、「支援の継続性」という課題点を改善できると考えました。

　この形式は2020（令和2）年度で2年目となり、継続の方法や使用に関して今後も確認事項を伝えていくことが大切であることを痛感しています。そして、変更後の記録用紙への記入に協力してもらったことで、話し合われた支援策が有効だったか否かの反省ができるようになりました。このことはとても大切で、有効であった場合にはお互いにその成果を喜び合うことができました。小・中学校の教師が取り組む中で気づきを得て、指導・支援の取組み内容を変更したというケースもあり、支援策の広がりを感じています。まだ変更後の記録用紙の下部（継続2回目以降を記入する欄）を使用してのコンサルテーションの実施数は少ないのですが、今後こちらの形式での話し合いが増えていくことを期待しています。

　また、2020年度からは、「巡回相談個人票（初回児童生徒用）」（表5-5）を変更しました。この個人票も、他校の取組みからヒントを得て作成したものです。このシートは、教師の主訴とは別に、対象児の「得意なこと」と「苦手なこと」を記入してもらうことで、対象児の困り感を教師がどのようにとらえているかを知る手がかりとなるばかりでなく、コンサルテーションで話題となりやすい事柄（家庭環境で知っていること、就学前や前年度までの申し送り事項など）を事前に知ることができる情報ともなります。

表5-5　巡回相談個人票（初回児童生徒用）

| 巡回相談個人票（初回児童生徒用）　　（　　　　　）学校　　年　　月　　日記入 |||||
|---|---|---|---|---|
| 氏名 | ふりがな | 男 | 生年月日 ||
| | | 女 | 　年　　月　　日（　　歳） ||
| 学年 | 　年　　　組　　担任（　　　　　　　）（教科　　　　　　） ||||
| 保護者 | 氏名（　　　　　　　）続柄（　　　　）　了承の有無：有・無 ||||
| 主訴 | ＊困っていること。知りたいことをできるだけ詳しく ||||
| 成育歴 | 家族構成： ||||
| | 家庭環境で知っていること： ||||
| | 就学前や前年度までの特記すべきこと（申し送り事項を含む）： ||||
| | 今まで関わった相談機関： || 診断名、診断を受けた時期・機関： ||
| 出欠状況 | □欠席が多い（　　日／　　月）　　□遅刻が多い（　　日／　　月）<br>□行き渋りがある　　□良好　　＊該当するものの□内にレ（チェック）を入れる ||||
| 得意なこと | ＊得意な科目、自信があること等： || 苦手なこと | ＊学習・運動面での苦手さ、人との付き合い方等： |
| | 先生方の目線で、得意なことと苦手なことをご記入いただいています。 ||||
| その他 | ＊気になるこだわりや癖、特定の刺激（音、味等）に対しての苦手さ、興味関心があること ||||
| 支援 | ＊現在行っている支援、関わっている先生等 ||||

　教師に記入してもらう主訴や児童生徒の実態には、その困り感から「〜が難しい」「〜ができない」「〜しがちである」といった表現がよくみられます。しかし、対象児の得意なこと、好きなことを特記してもらうことによって、良い面や伸びている面にも改めて注目してもらうことができ、「好きなこと・得意なこと」を支援策に活用してもらうきっかけになることも多いです。行動観察からは見えない普段の様子を担任教師に指摘してもらうことは、たいへん有意義であり、話し合われる支援策の効果や予想されるリスクなども含めて、コンサルテーションの大きな力となると感じています。

　また、2年目となる2020年度は、前年度の巡回相談がベースとなった話し合いや研修支援の依頼を受けることも増えました。

## (4) 教職員向け研修

　「通常学級における特別な教育的支援が必要な児童に対する支援方法」という題で実施された教職員向け研修では、巡回相談で先生方から挙げられた主訴や行動観察から得た実態をベースに、困り感の背景を本人発信の目線で見える化して示しました（図5-2参照）。事例として提供される内容が、先生方と関わりのある児童生徒であるため、「自分のクラスにもこういった困り

図5-2　先生方の困り感の「見える化」

感を抱えている子がいるかもしれない」と、積極的に研修に参加し、支援策を提案してくださる先生方が多かったように感じています。

「外部からの情報をうまく集めて、それを生かした評価を行っている事例」として挙げられるほどの事例ではありませんが、巡回相談の評価をどのように行うのが良いのか、数値化することが難しいなかで、どういったことが評価項目になるのかを課題として考えていた本校では、巡回相談を依頼した相手校がその後どのように支援を継続しているか、巡回相談時の話し合いをどう捉えているかを知ることができるようになったことは、たいへん有意義であると感じています。

巡回相談記録用紙と巡回相談個人票の定着とともに、地域の小・中学校との連携がさらに深まっていくことを課題として、今後も進めていけたらと考えています。

# 第4節　センター的機能に全校体制で 取り組んでいる実践

## 1　センター的取組みの概要

### (1) 学校の概要

　山梨県立盲学校（以下、本校）は甲府市に位置しており、山梨県内唯一の盲学校なので、県内の視覚障害教育のセンター的役割を担っています。児童生徒数は23名、校長及び教員数は34名、実習助手3名です。また、寄宿舎指導員8名、事務室職員8名、その他非常勤講師等の職員が勤務しています。

　本校の特色は、全校体制でセンター的取組みを支えていることです。

### (2) 地域のセンター的機能を担う組織

　本校では、校内組織に「Eye 愛ひとみ相談支援センター」（以下、支援センター）という分掌を設け、学校内外の幼児児童生徒の指導・支援、成人の相談・支援を担っています。支援センターの構成員は6名で、幼稚部・小学部・中学部・高等部本科・高等部専攻科から各1名と寄宿舎指導員1名という状況です。構成員全員が学部または寄宿舎に所属していて、担任や担当を担っており、センター的機能の専任はいません。本校では、基本的には、特別支援教育コーディネーター（以下、コーディネーター）は、支援センター構成員が兼任しています。

　本県では、特別支援学校のコーディネーターに支援時間確保のための非常勤講師が割り振られており、本校には週あたり26時間が配当されています。この後補充時間は、コーディネーターの支援業務に充てることができます。

　支援センターの構成員は、それぞれ支援業務別に主担当をもち、企画運営

を担当します。本校の支援業務は「教育相談活動」と「啓発支援活動」の２種類に大別され、「教育相談活動」には、「臨時教育相談」「継続教育相談」「小・中学校弱視教育支援」「サテライト教室」「訪問相談」の５つが、「啓発支援活動」には「サマースクール」「関係機関との連携・協働」「研修会の開催」の３つがあります。

## (3) 年間スケジュール

年間スケジュールについては、支援業務ごとに計画し、職員会議に報告して、全教員の理解と協力をあおいでいます。

### １）定期的に支援を行っている活動

毎月定期的に支援を行っているのは、次の３つの活動です。

① 継続教育相談：主に乳幼児対象の発達支援・指導や子育て支援（週１回・月１回等実態に合わせた来校指導）、月に１回の集団教育相談「つぼみ教室」、年間２回の「親子学習会」等

② 小・中学校弱視教育支援：月１回程度対象校への訪問支援、年間２回の「山梨県弱視教育連絡協議会」と年間２回の「合同学習会」を開催

③ サテライト教室：遠隔地域在住の教育相談対象者の来校負担軽減や地域支援への協働（月に１回程度、地域の支援学校を会場とした教育相談）

### ２）随時相談に応じている活動

随時相談に応じている活動としては、視能訓練士・歩行訓練士との協働支援活動、臨時的に入る相談支援活動、眼科訪問ピアサポート活動、研修支援活動等があります。

### ３）支援行事

交流行事には、サマースクール（７月開催；後述）と視覚障害専門部特別支援連携会議があります。視覚障害専門部特別支援連携会議は、医療・保健・福祉・教育等の各領域担当者との連携促進に関わる会議で、毎年９月に本校が事務局を務めて開催されます。

## (4) 地域のセンター的機能の評価

　本校では毎年、1年間の支援活動を振り返り、次年度への課題や展望を明らかにするため、年度末にセンター的機能の評価を行っています。

　支援センターが対象者のニーズに応え、地域のセンター的機能を果たしているかどうかについては、利用者のアンケートを元に検討しています。アンケート項目については、支援事業ごとに設定しています。例えば、継続教育相談では、本校の支援への満足度に対する4段階評価と、さらにその理由について7～8項目の選択肢を設定しています。また、どの支援事業についても、意見や要望等の記述欄を設けています。

　本校職員一人一人がセンター的機能を十分に発揮できたかどうか、センター的機能を発揮するための体制づくりや企画運営は十分だったかどうかについては、学校評価と職員アンケートを元に検討しています。「自分が担当した支援は、支援対象者や学校全体にとって有効であったか」「支援事業をとおし、知識や技術の向上に向け自己研鑽できたか」等や、「本年度、視能訓練士が2名体制になり活用時間が増えたことは、校内外への有効な支援につながったか」等のその年度の新規事業等についても項目化し、4段階評価を行っています。また、自由記述で支援活動全般について広く意見も求めています。

　評価の活用については、毎年発行している「Eye愛ひとみ相談支援センター活動報告書」に掲載し、また年度末に校内で行われる「センター的機能活動報告会」でも報告し、全職員で評価を共有しています。

## (5) 今後の課題と感じている点

### 1) 早期発見・早期教育

　視覚障害児の教育は早期からの関わりが大切です。しかし、弱視は発見されにくく、見えにくさが長い間気づかれないこともあります。視覚障害の発見の場である眼科医との連携を深め、早期教育支援について広く理解を得ることで、少しでも多くの視覚障害児が早期から専門的な支援を受けられるよう、広報活動に力を入れていく必要があると考えています。

### 2）インクルーシブ教育推進の中での教育の質の確保

　地域で学ぶことを選択する視覚障害児が増えています。しかし、視覚障害への十分な合理的配慮の提供という観点からみると、配慮の量と質は残念ながら必要な水準に達していない例も多くみられます。地域に専門性を蓄積し、支援に頼らなくても専門性を発揮できるようにするための取組みが必要だと考えています。

　また、地域で学ぶことを選択する弱視単一障害児が増え、本校の在籍幼児児童生徒数が減少するに伴って教職員数が減少し、そのために本校の専門性の維持向上の課題が深刻化しています。地域で学ぶ弱視単一障害児の支援に関わる教員が、支援を通して得られた専門性を校内に還元し、共有していくことで専門性を担保することが大事だと考えています。このような理由もあり、本校では支援担当者が校内の学部担任や授業担当を兼任しています。

## 2　〈事例〉センター的機能に全校体制で取り組んできた実践

### (1) 全校体制での支援の考え方

　本校では、在籍児童生徒への教育と地域支援活動を学校の両輪と捉え、全職員が支援活動に携わる「全校体制」で支援を行っています。専任制ではないため、実際に教育相談を担当したり、弱視児在籍校へ訪問したりする担当者は皆担任をもち、在籍児の授業があるなかで並行して支援活動を行っています。限られた人員と時間を、在籍児ではない対象へ割くことになるため、センター的取組みには、全職員の理解と協力が不可欠です。そのために私たちが取り組んでいるのは、「無理なく支援に関わることのできる体制の構築」と、「情報の共有」です。

### (2) 支援体制

　全職員が一様に携わる支援業務は、「Eye愛ひとみ相談」と「サマースクール」です。「Eye愛ひとみ相談」は、1回の相談につき3名体制で行い、職員は必ず、夏季・冬季・春季または臨時相談のいずれかに参加します。サマー

スクールは、全職員が出勤し、１日行事に携わります。

　それ以外の支援については、分担して実施しています。定期的な個々の教育相談時間は、授業時間と同様に扱います。学部内や学部間で、授業時間＋支援時間の総合計時間に大きな偏りが生じないように留意して分担を決定します。具体的な分担は次のとおりです。

　　①　支援センター構成員：各業務の責任者となり、企画運営を行う。

　　②　後補充のあるコーディネーター：後補充の時間分、個別に担当幼児児童生徒に対する相談業務（継続教育相談、小・中学校弱視教育支援）を担当する。

　　③　支援センター構成員・コーディネーター以外の学部職員：一人１業務とし、効率的に相談にあたることができるように、対象児の年齢や実態の近い学部（またはチーム）ごとに相談業務（継続教育相談、小・中学校弱視教育支援、訪問相談）を担当する。

## (3) 実践例

### 1）「全校体制」のアピールと意識づけ

　本校の学校封筒には、学校名のすぐ下に「Eye愛ひとみ相談支援センター」と印刷されています。また、「支援センター」の構成員ではない職員の名刺にも「Eye愛ひとみ相談支援センター」と表記されています。

　これは、外部の方に対しての本校のセンター的機能の広報と、支援センターの構成員でない職員も、全員が「Eye愛ひとみ相談支援センター」の一員として支援に携わっているということをアピールするためです。

### 2）支援における研修体制

　教員の多忙化のなか、支援に関する研修時間の捻出は難しい課題です。そこで、ベテランと経験の浅い教員とでチームを組むなどして、支援そのものの時間を研修としても活用できるようにしています。また、特に初めて支援にあたる教員が、不安なく業務を担えるような体制に配慮しています。

　新任教員が担当する「訪問相談」は、療育施設等を訪問し、希望者の視機能評価を行う支援活動です。新任職員は記録を担当し、視機能評価の手段・

方法と記載方法、また相談者との関わり方や担任との情報交換、視覚及び他の障害の実態に応じた支援方法の提案内容等について、実地で学んでもらうようにし、1日に数ケースの事例にあたるように分担しています。

　継続教育相談及び小・中学校弱視教育支援では、初めて担当をもつ教員は、経験のある教員とチームを組みます。対象児との関わり方、実態把握、活動の評価、支援計画の立て方、保護者や担任との情報交換等を一緒に行うことで、事例をとおして教育相談・支援の専門性を継承できるようにしています。

　また、支援を通して得られた学びや、盲学校の教員として知っておいたほうがいい知識を共有するため、教員のメーリングリストを利用して、毎週、研修メールマガジンを発行しています。時間を限定した研修の形ではなく、時間のある時に見返せるテキストデータであることから、メールマガジン連載形式での研修は好評を得ています。以下は、その一部です。

　　Q：運動や体育が苦手です。どうしたらよいでしょう。

　　A：集団でのボール運動はスピードや人の動きが激しく、視覚障害児が苦手感を感じやすい種目ですが、「ボールは床・地面とのコントラストが強い配色のものを選ぶ」「チームごとにビブスを着け、人を見分けやすくする」（中略）などの配慮があるとよいでしょう。また、見え方の影響が少ない個人競技で自信をもてるようにすることが大切です。視覚障害スポーツには……（後略）。

## 3）支援の質を保つための共通フォーマット

　本校では、誰が担当になっても一定の支援ができることが必要だと考え、担当者が一人で相手先に訪問して行う小・中学校弱視教育支援では、支援に関する共通フォーマットを活用しています。弱視児の視覚や学習環境、自立活動等の実態把握及び指導資料・支援記録として活用できる「弱視教育支援の記録　ひとみ」（以下、「ひとみ」）を用い、どの学校のどの弱視児に対しても、「ひとみ」に基づいて支援を行っています。「ひとみ」は、全38ページの冊子形式の資料で、次の11項目の記録ページと解説ページ、補足資料で構成されています。

　①視覚状況　②文字環境　③補助具　④教室環境　⑤教育課程　⑥教科指

導の配慮 ⑦学校生活の配慮 ⑧自立活動（目標設定、単眼鏡・近用レンズ・拡大読書器の学習段階と評価） ⑨障害理解 ⑩盲学校の支援の記録 ⑪その他・特記事項・担任（地域のＡ小学校弱視学級の担任）より。

　「ひとみ」の活用により、私たち支援教員の経験やスキルに大きく左右されることなく、チェックリストに沿って一定の内容の支援ができるようになりました。また、訪問支援に関わる書類を整理し、事前に「ひとみ」に基づいた支援要請書類の送付を受けることで、支援担当者同士で支援内容を共有し、支援に出向く本校教員の心理的負担感を減らし、より良い支援を検討してから訪問当日を迎えることができるようになりました。

### ４）情報共有

　実際の支援活動は多岐にわたるため、直接支援に数多く携わる構成員は、日常的な情報交換の他、月１回の「分掌会議」と、さらに「支援センター会議」で情報を共有しています。

　「支援センター会議」は毎月１回開催しています。全教員参加で実施することもあれば、関係教員のみで行うこともあります。年度末には「センター的機能活動報告会」として実施し、全教員参加で年間の支援活動を振り返り、課題や次年度への展望を共有します。教員全体への共有の場は、職員会議です。月ごとの支援活動の概要を報告し、情報を共有しています。

### ５）全校体制の支援行事「サマースクール」

　サマースクールは、毎年、夏休み中の７月の週休日に開催している行事です。在籍児童生徒を含め、県内で広く参加希望を募り、実施しています。週休日ですが、職員は基本的に出勤日とし、夏休み中に代休をとる形で全校体制での行事を実現しています。参加者は、実態ごとに数グループに分かれて活動します。視覚障害当事者の体験活動のほか、晴眼者を対象とした「めかくしカフェ」等の啓発体験もあります。グループ活動以外に、「サウンドテーブルテニス体験」や「機器展示会」も開催しています。各活動の目的と内容を共有し、参加者にとって実感を伴った楽しい活動になるよう教員同士で工夫し合うことで、学校全体の専門性向上の一助となっています。

## 3　成果と課題

　視覚障害児が地域の学校を選択することにより、本校の在籍幼児児童生徒数は相対的に減少し、それに伴い本校の教職員数も減少してきています。しかし、地域の小・中学校からの支援ニーズは増大しているため、これに応えることに負担感が増す、という現象が実際に起きています。このような現状では、インクルーシブ教育の推進が結果として盲学校の衰勢を招いているように感じたり、地域への支援の負担ばかりが増大するような印象を抱いたりすることもあります。そのなかで、支援体制について、また地域支援をどのように考えていくのかということについて、校内で何度も議論してきました。

　支援活動そのものが学校の広報・啓発の機会になることや、支援対象者が本校の教育に触れて良さを実感してもらうことで入学につながる例があること、また支援活動を通して得られた専門性や新しい知見を学校の教育に還元することで、在籍児の教育の質や本校の専門性の向上にもつながることから、地域支援は間接的に学校を支えるひとつの大事な要素だと考えられるようになりました。

　多忙化を抱える学校現場においては様々な場面で精選を迫られますが、上記の理由から、限られた人員だけが支援を担ったり、全体の支援時間を縮小したりするのではなく、職員全体が支援活動の意義と内容を理解し、皆が少しずつ支援活動を担うことで負担を分散し、教育と支援を両輪として、学校全体の視覚障害教育の専門性を向上させていくことが大切だと考えています。

　視覚障害児が学ぶ場所をどこに選択しても、必要な教育・支援を受けることで子供自身が力をつけ、将来の希望を実現し、社会で活躍してほしいというのが私たち教員の大きな願いです。視覚障害児者の活躍によって、社会における理解の輪が広がります。そのことは、本校に在籍する視覚障害のある幼児児童生徒や、視覚障害児者全体の理解や共生に寄与するはずです。この考え方を全校で共有し、協力しあいながら視覚障害教育の専門性を高め、在籍児への教育や、地域支援に力を発揮していきたいと考えています。

# 第5節　広域の特別支援学校間の連携を密にした取組みの実践

## 1　センター的取組みの概要

### (1) 学校の概要

　S視覚特別支援学校（以下、本校）は、幼稚部・小学部・中学部・高等部普通科・高等部専攻科を設置する学校で、県全域を対象としているため寄宿舎を設置しています。幼児児童生徒数は128名、教員数は114名で、現在4系統のスクールバスの運行があり、主要な駅からの送迎をしています。

### (2) 地域のセンター的機能を担う組織

　学校としては、「相談支援部」という組織と、各学部に置いている特別支援教育コーディネーター（多くは相談支援部員）を中心として、外部の幼児児童生徒の支援を行っています。また、いくつかのケースについては、他の職員も支援に加わり、学校として外部の支援を行う形をとっています。「相談支援部」の分掌部会は月2回、コーディネーター委員会は月1回、他の職員も含めた巡回相談担当者会は年1回実施しています。

### (3) 年間スケジュール

　例年、次のような計画を立ててそれに沿って活動しています。

①　弱視学級新担任研修会実施（4月）

②　巡回教育相談及び定期来校相談・サテライト会場での相談についての案内と募集（4月）、募集に対する回答を受けてそれに基づく計画（5月）

③　小学部・中学部説明会（6月）

　　本校の小学部・地域の小学校へ就学する児童とその保護者、中学校段階への進学に関してどのようにしたらいいか悩んでいる児童生徒やその保護者等を対象に、本校と他の学校の特徴、地域へ就学する場合の配慮事項、手順、家庭での指導や支援などについての説明。

④　サマースクール（7月）

　　居住地域の小・中学校に通う視覚障害児童生徒を対象に、体験的な学習と交流、保護者の情報交換・交流を行う行事。

⑤　視覚障害教育情報交換会・研修会（7月）

　　主に弱視特別支援学級の担任など、視覚障害教育に携わる先生方を対象に、本校職員を講師とした視覚障害理解、補助具の使用、当事者からの話、教科の学習などについての研修会と、参加者から出された話題についての研究協議を行う場。

⑥　見え方相談会（8月）

　　県内に住む視覚障害児者とその保護者を対象にした相談会。

⑦　学校公開（9月）

　　本校への入学・転学を考えている視覚障害児者及び広く一般の方を対象とした学校公開。

⑧　県庁オープンデー等イベントでの学校のPR（11月・1月）

　以上のほか、年間を通じて計画に基づく「巡回教育相談」（あらかじめ日程を決めて各学校等を訪問して行う教育相談をこう呼んでいる）、定期来校相談、サテライト事業と新しい依頼に応じた教育相談などを実施しています。


## (4) 地域のセンター的機能の評価

　地域のセンター的機能の改善策を検討する機会として「巡回相談担当者会」を設けて、年度の途中で途中経過の評価を行っています。その会に先立ち、巡回相談に出向いている担当者（特別支援教育コーディネーターとは限らない）にアンケートを依頼し、成果や課題について集約し、困っているケースを中心に事例検討を行っています。

　年度末には、「相談支援部」として掲げた目標に対する評価と、学校としてのセンター的機能に関わる目標についての評価を行っています。

　個々の児童生徒の具体的課題に対する支援については、その支援を行った結果がどのような成果につながったかを評価することが大切ですが、その大切さを認識しつつも現段階では評価を行っていません。今後の大きな課題だと考えています。

## (5) 今後の課題と感じている点

### 1）これまでの地域支援に関する総合的見直し

　これまでの支援については、これでよかったのか、よりよい地域支援のために何を改善したらいいかの見直しが必要だと思っています。こうした観点から、総合的に地域支援の在り方等を検討していく機会を設けて検討してみたいと思います。

### 2）支援の具体的状況を評価するためのチェックリストの活用

　各支援の具体的状況については、担当者それぞれに任せていて、記録こそとっているものの、それを元に評価を行う機会が十分に機能しているとはいえない状況です。そのため、後からこうすればよかったのではと、反省することが時として起こります。例えば、知的障害がある弱視児については、学習内容の理解に関する相談が中心となり、見え方を改善するための拡大読書器やルーペ、単眼鏡などの補助具の使用についてのアドバイスを十分に進めることができなかったため、これらの補助具を整えていないというケースがありました。担当した職員にしてみれば、そのような基本的な点は、既にアドバイス済みだと思っていたのかもしれません。

　こうした失敗を繰り返さないために、事前の準備にも利用できる「自己評価チェックリスト」（表5-6）を作ってみました。このチェックリストは、まだ試行の段階ですが、地域支援に携わる教員にこれを活用してもらい、さらに役立つものにしていきたいと考えています。

### 3）弱視の範疇外の見えにくさや視覚認知機能に課題のある児童生徒への対応

　弱視の範疇には入らない（視力や視野では障害者手帳の範疇ではない）が、

## 表5-6　巡回教育相談　自己評価チェックリスト（試案）

事前チェック　　◎：重点をおく　　　○できたらする　　☑ 済
事後の評価　　　A：できた　　　B：まあまあ　　　C：不十分・要改善

| | No | 事前 | 項目 | 事後 |
|---|---|---|---|---|
| **I 事前準備** | 1 | | 主訴の把握・理解 | |
| | 2 | | 疾患名、視力等の把握、眼科への通院の状況 | |
| | 3 | | 他の障害の有無、状況の把握（学習内容、理解度、運動機能等） | |
| | 4 | | 依頼者の状況の把握（保護者、管理職、担任、コーディネーター等の状況、関係） | |
| | 5 | | 参観させていただく授業についての情報。読み書きと実技系を設定するよう依頼 | |
| | 6 | | コンサルテーションの場の設定（参加者、時間）について把握、または提案 | |
| | 7 | | 既に持っている補助具等の把握 | |
| | 8 | | 必要そうな教材教具の準備（教科書、書見台、ルーペ、単眼鏡、iPad、　　　　） | |
| | 9 | | 役に立ちそうな情報の準備（手帳、福祉制度、医療、他の相談機関等） | |
| | | | | |
| **II 観察時** | 1 | | 指導している先生の良いところ（板書、声掛け、配慮、指導方法、工夫など）の把握 | |
| | 2 | | 対象児の読み書きの時の視距離 | |
| | 3 | | 黒板等で見えているもの、見えないもの、単眼鏡の使用の状況 | |
| | 4 | | 眼の使い方の特徴、不自由なところ、改善できそうな支援 | |
| | 5 | | 音読の時の読み方、読み飛ばし等 | |
| | 6 | | 書くスピード、正確さ | |
| | 7 | | 発言の状況、声の大きさ、自己肯定観 | |
| | 8 | | 周囲の児童生徒との関係 | |
| | 9 | | 掲示物の状況の把握（線やマスへの筆記の状況、文字の正確さ、内容、描画等） | |
| | | | | |
| **III コンサル 1 連携と協働** | 1 | | 実践の良いところを伝達、先生方の実践の尊重 | |
| | 2 | | 目的の共有のための問いかけ、教師同士の対話、積極的情報交換の促進 | |
| | 3 | | 現場の声を聞く（一方的に話さない） | |
| | 4 | | 記録や成果物など教師にとって身近な材料を活かした説明 | |
| | 5 | | 対象児童生徒の視覚障害の状況に合わせた情報提供 | |
| | 6 | | 依頼者の主訴に応じた情報提供 | |
| | 7 | | 見え方の理解と支援につながる情報提供 | |
| | 8 | | 学級全体での障害理解につながる発言、提案 | |
| | 9 | | 対等な関係、教育現場に学ぼうとする姿勢 | |
| | 10 | | 問題を解決するパートナーになるための一緒に考える姿勢と言動 | |
| | 11 | | 保護者との関係構築のための家族理解、学校との関係理解の視点、相談方法の支援 | |
| | 12 | | 対象児童生徒の将来を考え、協力し合える関係づくり | |
| | | | | |
| **III 2 実効性** | 13 | | 改善のための提案が実行可能か、継続可能かを考えた取捨選択 | |
| | 14 | | 個別の指導計画が形骸化されぬよう、内容の具体化、更新校内組織や連携での有効活用 | |
| | 15 | | 学校内の組織についてできそうな工夫の提案 | |
| | 16 | | その場限りでなく、今後に使えそうな情報の提供と活用の提案 | |
| | 17 | | 役に立つ他の機関との連携の提案 | |
| | | | | |
| **III 3 省察** | 18 | | 教師が日々を振り返るよう「省察」の観点の提供 | |
| | 19 | | なぜこの支援が必要か、ハウツーのみならず、根拠プロセスも語る | |
| | 20 | | 教師が自らの支援のための工夫の大切さとやりがいを再発見できるよう、効果的な面を指摘し、仕事への価値的感情に共感 | |
| | | | | |
| **IV 事後** | 1 | | 補足する情報の提供 | |
| | 2 | | 別の専門機関等への連絡 | |
| | 3 | | 教材教具等の貸し出し（期間を決めて） | |
| | | | その後の環境改善が見られた | |
| | | | 指導の改善が見られた | |

見えにくさがあったり、視覚認知機能に問題があったりする児童生徒のケースについて、多様な状況の理解と支援策について、知識や技術を磨いておく必要性がある点も強く感じています。これらの課題に関する研修の機会を設けなければならないと思います。

### 4）関係機関と広く連携するためのシステムの検討

近年においては特別支援学校間での連携は比較的とりやすくなっていますが、各地域の障害者福祉・児童福祉・児童相談所・支援事業所・社会福祉協議会・医療機関等との連携は、一部に限られています。必要なときにすぐに連携がとれるような体制を整える必要性を感じています。

### 5）個別的な相談支援結果の評価

先にも述べましたように、個々の児童生徒の具体的課題に対する支援については、その支援を行った結果がどのような成果につながったかの資料を収集し、評価して、次の支援への改善点等を見出していくことが大切です。その大切さを認識しつつも現段階では評価を行っていません。今後の大きな課題だと考えています。

## 2　広域の特別支援学校間の連携を密にした取組み

本校と県内の他の特別支援学校の特別支援教育コーディネーターが会って様々な情報交換をしたり、連携して支援したりする機会は、年に数回次のようなものがあります。

### 1）県が指定する「共生社会の形成に向けた特別支援教育推進事業」として研修会

県内の特別支援学校の特別支援教育コーディネーターが参加。全体での県特別支援教育課からの事業説明、東西南北の地区ごとの自己紹介・情報交換、年間の研修会のテーマ等の検討。

### 2）市町村教育委員会特別支援教育担当者連絡協議会

市町村教育委員会指導主事を集めての行政説明と併せて教育委員会と特別支援学校で情報交換を行う場。主に就学・転学に関わることについてだが、この場が複数の特別支援学校と各市町村教育委員会で連絡をとり合うことの

できる場となっている。

### 3）S市が指定する特別支援教育ネットワーク連携会議

　年3回行われる。学区に関わる特別支援学校のコーディネーター、障害福祉課、子ども支援課、就労支援等の代表が参加し、前年度の状況報告、方針の説明、各部署の役割、手続等説明、事例研究等が行われる。

### 4）自主的な連携組織である県西部地区特別支援教育コーディネーター連絡会

　特別支援学校の特別支援教育コーディネーターが指名されるようになった当初から、県西部の特別支援学校のコーディネーターたちで、「県の指定したものだけでは足りない」と立ち上げ、長期休業中などに自主的に研修会を行ってきている。輪番で運営にあたり、いずれかの特別支援学校を会場としている。会場となる学校を見学する機会も設けられ、各学校の状況を理解する機会ともなっている。

### 5）他の特別支援学校学区域連絡会

　知的障害特別支援学校の学区に関わる別の障害種の特別支援学校や市町村障害福祉課、就労支援担当課、保育課、子育て支援課等、小学校長会の会長、中学校長会の会長など関係する機関での情報交換を行う場。この場においては、各学校の紹介、この地域における特別支援教育のニーズや支援状況、進路等の情報の交換を行う。

### 6）本校からの巡回教育相談での関わり

　年度初めに他の特別支援学校に案内を配布して希望を募集し、その希望に基づいて5月ごろに年間計画を立てる。この計画によって、年間を通して計画的に訪問し、視覚障害児の状況を見て、先生方との情報交換を行う。

### 7）本校からの依頼

　視覚障害以外の障害や精神的な面についての校内からの支援のニーズを把握し、このニーズに応じて他校へ依頼し、他の特別支援学校のコーディネーターに来校してもらい、支援会議を開催して対応策を検討する。

　以下においては、こうした機会を活用して、特別支援学校間の連携を密にして取り組んだ事例を2つ紹介します。

## 3　〈事例1〉他の特別支援学校と連携して取り組んだ支援

　前述のように本校においては、小・中学校へ出向いて行う支援と同様に、特別支援学校を訪問して児童生徒の観察や先生方との支援会議を行う取組みも行っています。

　A特別支援学校（肢体不自由）には毎年2〜3回伺い、前述のような支援を行っていますので、コーディネーター同士のつながりもでき、メールでのやりとりをしてきました。最初の連絡は、2016年の10月に電話で「巡回して支援しているB小学校に、視覚障害のあるM児がいる、肢体不自由の状態よりも視覚障害の状態のほうが気になるので、ぜひ見てほしい」との情報でした。その後、そのA特別支援学校のコーディネーターを通して、視力などの情報を入手するとともに、B小学校への訪問日程等の調整を行ってもらいました。しかし、対象のM児が治療のために入院し、最初の計画は実現できずに年を越してしまいました。

　その後、B小学校と直接連絡をとって出向きました。M児は小学校4年生で、知的障害学級に在籍し、知的障害のカリキュラムで学んでいました。眼鏡をかけても見えづらそうにし、ルーペこそ持っていましたが、受け答えの様子から、知的な遅れというより、様々な治療等による学習空白があること、ロービジョンケアに触れる機会がなく過ごしてきたこと等が学習の遅れの原因のように思われました。単眼鏡を紹介すると、「わぁ、見える！」と、とても感動していました。単眼鏡の使い方を教えるとすぐに覚え、教室内のいろいろなものを見ていました。その単眼鏡は自分のものを購入するまでしばらく貸し出しました。担任の先生も、もっと早くに必要な情報を知るべきだったと、反省しきりでした。

　しばらくの間は、本校からB小学校への巡回教育相談を行うこととし、約2カ月後に再度小学校を訪れました。単眼鏡の使用練習とともに、M児が所有していたルーペ（4倍）よりも倍率の高いルーペ（10倍）の紹介をしました。「みんなと同じものが見えて嬉しい」と、このときもM児は感激し

ていて、支援に行ったこちらの気持ちをとても明るくしてくれました。ルーペを貸し出してもよいと思いましたが、「家で買ってもらったほうがよい」という担任教師の考えから、購入や給付の方法を保護者に伝えるようにしました。

　その後も本校とB小学校のやりとりを継続して行っていき、状況に応じて必要な支援や指導の方法について伝えていきました。A特別支援学校の教師の情報がなかったら、こうした支援を行うことができなかったかもしれません。

## 4 〈事例2〉本校からの依頼により、他校との共同で取り組んだ支援

　地域の小・中学校に在籍する視覚障害児童生徒の中には、不登校の状態になっている者も少なくありません。本校では20年以上前から地域の小・中学校へ通う視覚障害児への支援を行ってきましたが、以前から、「実は学校へ行っていない視覚障害の生徒がいます」という情報が急に入ることがありました。また、小学生のときに本校で支援していた児童が中学生になり、「中学1年の途中から学校に来なくなっています」という連絡を受けたケースも何例かありました。

　ここで紹介するC中学校のケースは、2カ月前に他県から転入してきた中学2年のYです。連絡を受けたのは12月でしたが、様々な事情からC中学校に出向いたのは1月でした。1度目は、Yが学校に登校していないので、本人にも保護者にも会うことができませんでした。これまでの経過を知るため、個別の教育支援計画や指導要録等を見せてもらい、転校前の学校から送られてきた要録などを見て、これまでの学校生活の経緯を確認しました。転校前の学校でも不登校であり、視覚的な支援は何も受けていなかったようでした。こちらから、次に家庭訪問する際、同行させてほしい旨を申し入れました。また、直ちに情報提供したほうがいいという判断から、視覚障害者が受けられる福祉サービスや、あると便利な補助具などについて、担任を通し

て保護者に伝えてもらいました。

　年度が変わり、担任も代わって再度巡回教育相談の依頼がありました。Yの問題は視覚障害のみではなく、様々な心理的な要因が絡んでおり、特に生育過程と母子関係に関連があると推測されました。そのため、心理面でサポートできる専門家に同行してもらうのがよいと考えました。そこで、D特別支援学校（病弱）の精神医療センターを担当しているEコーディネーターに依頼し、同行してもらうことにしました。E氏は、県の西部地区のコーディネーター研修会で不登校や愛着の問題と発達障害との関係などについての講義を担当していた方です。

　C中学校を訪問した際も、やはり本人も家族も学校に来ておらず、教頭・学年主任・担任・特別支援教育コーディネーター・養護教諭との話し合いになりました。視覚障害や本校に関する情報提供は本校のコーディネーターが行い、家族内の問題や対処の仕方などについては、D特別支援学校のEコーディネーターに状況を分析して話してもらいました。

　Eコーディネーターからは、今後YやYの保護者にどう関わっていったらよいかを中心に話してもらいました。その内容は、母親へは定期的にメールでの連絡をとる必要があること、本人とも何らかの形で連絡をとる必要があること、そしてこの場合、Y本人が「親しくなったらいつか登校するようにと勧められるのではないか」という心配から、心理的に拒否反応を起こす可能性があるので、「学校に来てとは言わない」と伝えておくこと、「安心して困れる」状態にすることが大切であること等を助言してもらいました。

　このような話し合いの中で、担任の気持ちは楽になったように見受けられました。Eコーディネーターとの連携なくしては、とうてい無理だったと思います。なお、その後は担任が保護者や本人と定期的にメール等で連絡をとり、長期戦でYに対応していく方向が確認されました。

## 5　特別支援学校間の連携による相互支援の成果

　他の特別支援学校と連携をとり、相互に連携して小・中学校に対する教育

相談を行うことによって、別の分野での高い専門性に触れて学ぶこともできました。

　小・中学校に在籍する児童生徒への支援方法等のみでなく、他校のコーディネーターの方々から支援の在り方について学ぶことができました。支援を行う際の準備として、事前の支援シートを作ったり、事後の記録を整理して支援対象の小・中学校に送付したりしている点など、参考にしなければならない点が数多くありました。また、行事などについても、本校が先に行っていた視覚障害教育情報交換会を、他の障害種の学校が参考にして、地域の教育情報交換会を開くことにつながったこともありました。

　お互いの人を知り、学校を知り、連携していくことにより、時には力を借りたり助けたりして、相互の力を高め合うことができると思います。また、相互に訪問し合うことにより、学校内の教員のもっている情報・技術などを引き出すことができるとともに、校内の教師間では言いにくいことも、他校の教師からの指摘ですんなりと解決することができるのではないかとも感じています。このような取組みが特別支援学校全体の専門性の向上につながっていくのではないでしょうか。

# 第6節　医療機関とのネットワーク構築の実践

## 1　センター的取組みの概要

### (1) 学校の概要

　東京都立葛飾盲学校（以下、本校）は東京23区東部の葛飾区に位置し、幼稚部・小学部・中学部の3学部を設置しています。2020（令和2）年度の在籍者数は、幼稚部6名、小学部21名、中学部16名の計43名です。

　東京都内の視覚障害特別支援学校は、国立1校、都立4校が設置されており、本校は主に東京23区のうち、東部地域の視覚障害教育のセンター校としての責務を担っています。具体的には、視覚障害教育の理解啓発活動、0歳からの就学前幼児・小学生・中学生への教育支援を行っています。

### (2) センター的機能を担う組織

　本校の校務分掌には、各学部主任と教務主任からなる一貫教育推進連絡会と教務部・生活指導部・研修部・支援部の5分掌があり、センター的業務は、支援部が担っています。ほかに、校長から特別支援教育コーディネーター（以下、コーディネーター）の指名があります。

　2020年度の支援部は、幼稚部2名、小学部2名、中学部3名、寄宿舎部2名の計9名で構成されています。

　センター的機能が担う役割として、①内部支援に関わる事業、②通級による指導（弱視）、③外部支援、④理解推進事業の4つが挙げられますが、これらの概要を以下に述べます。

### 1）内部支援に関わる事業

　本校では、個別の教育支援計画に基づき、在籍する幼児児童生徒の支援を推進しています。計画の作成は各担任が行い、管理とその推進は、コーディネーターが担っています。眼科をはじめとする医療機関、障害福祉課や療育機関などの福祉機関、重複障害に対応した他障害特別支援学校との連携の推進に関しては、コーディネーターが調整を行っています。

　また、本校の小・中学部の児童生徒は、「副籍交流」を実施しています。副籍交流とは、東京都が実施している交流及び共同学習です。都立特別支援学校の小・中学部に就学した児童生徒の学籍は都立特別支援学校にあります。その学籍とともに、児童生徒が居住する地域（学区域）の区立小・中学校に副次的な学籍である「副籍」を置きます。この副籍を置く学校は、区教委によって指定されるため「地域指定校」といいます。本校の児童生徒は、副籍のある各々の地域指定校の児童生徒と副籍交流を実施しています。この交流に関して、区教委・地域指定校との連絡・調整はコーディネーターが行っています。

　さらに、学部の授業として取り組んでいる近隣校交流については、地域支援係が窓口となり、相手校と計画を交わし合い、交流及び共同学習の推進を図っています。

### 2）通級による指導（弱視）

　本校では、東京23区東部地域のうち、弱視通級指導学級（以下、弱視学級）が設置されていない区の小・中学校に在籍する弱視児童生徒への通級による指導を行っています。教育委員会との連絡・調整、当該児童生徒の在籍校との連絡・調整、在籍校担任及び保護者との面談・助言、当該児童生徒への指導などの調整をコーディネーターが担当しています。

### 3）外部支援

　本校では、地域に居住する子供たちや小・中学校に在籍する児童生徒への教育支援を「外部支援」と称しており、大きく分けて、乳幼児教育相談、小・中学生支援、見え方の相談会、医療機関との連携、などがあります。以下にその概要を説明します。

ア）乳幼児教育相談

　本校は、幼稚部を設置する視覚障害特別支援学校として、0歳から就学前までの視覚に障害のある乳幼児と保護者の支援を行い、その事業を乳幼児教育相談と称しています。視覚に障害のある乳幼児の視機能評価を行い、生活、遊び、子育て全般に関わる相談、入園・入学に関わる相談を、個別面談、小集団遊び、育児教室などの形態で実施しています。相談乳幼児が所属する保育所、幼稚園、療育機関より支援の依頼を受けることもあります。これらの取組みは乳幼児支援担当のコーディネーターが中心となり、幼稚部教員とともに実施しています。

イ）小・中学生支援

　地域の小学校、中学校、特別支援学校に通う児童生徒に対する支援は、子供たちの在籍する学校からの依頼を受けて実施しています。在籍校における授業観察や視機能評価に基づき、学習の困難を軽減するための助言を行っています。本事業は主にコーディネーターが担当しています。

ウ）見え方の相談会

　上記の取組みのほか、足立区、江東区、葛飾区の区内小学校に在籍する小学生を対象に、年1回夏季に、区ごとに期日を決めて、相談会を開催しています。この事業を「見え方の相談会」と称しています。

　見え方の相談会は、足立区、江東区、葛飾区それぞれの区教育委員会と、足立区、葛飾区については区内に設置されている弱視学級と共催で実施しています。毎年、3区合計80名から100名弱の小・中学校に在籍する児童の保護者からの申し込みがあり、相談を実施しています。

　この事業は、支援部地域支援係が担当し、企画及び関係機関との連絡調整を行っています。当日は、支援部だけでは人数が足りないため、全校職員の協力を得て運営を行っています。

　具体的には、来談者への視機能評価を行い、困り感に即して、その軽減のための情報の提供を行っています。保護者及び本人へのアドバイスは主にコーディネーターが担当します。

エ）医療機関との連携

医療機関との連携に関する取組みについては、詳しく後述しますので、ここでは割愛します。

#### 4）理解推進事業

視覚障害教育の理解推進に関する事業として、学校公開（年2回）及びボランティア養成講座（年1回）を開催しています。また、地域に開かれた学校として、本校所在地域の町会主催の地区センター祭や所在区・近隣区主催のイベント会場への作品展示などを行っています。これらの事業は、地域支援係が担当し、全校体制で取り組んでいます。

その他、要請に応じて、地域の小・中学校での出前授業（視覚障害者の理解、点字の体験など）を実施しています。出前授業は主にコーディネーターが調整を行います。実際の教員の派遣は、コーディネーターの他、視覚障害のある教員等を含めて、分掌外の教員の協力も得ています。

### (3) 年間スケジュール

センター的機能の年間スケジュールについては以下の通りです。

#### 1）内部支援に関わる事業

本校の個別の教育支援計画は1年更新のため、年度始めに個別の教育支援計画の立案をし、通年で支援を推進します。年度末に支援内容に関する評価を行い、次年度への引継ぎを作成します。

#### 2）通級による指導（弱視）

区立小・中学校から都立特別支援学校への通級による指導は、年度ごとに就学相談を行うことになっています。年度始めに在籍校からの申請を受けて、区教育委員会・東京都教育委員会の審議を受けて指導を開始します。年度末に指導の記録を保護者及び在籍校に提示し、成果と課題を報告しています。

#### 3）外部支援

乳幼児教育相談は、前年度より継続希望のアンケートにより希望のある方を名簿に登載し、随時相談希望者を受けつけています。業務については、年度始めに事業計画を立て、幼稚部の協力を得ながら通年で実施しています。

　小・中学生への支援は、年度ごとに依頼を受け、その都度の実施となります。見え方の相談会も、年度ごとの開催です。年度始めに該当する区教育委員会、弱視学級と連絡調整を行いながら、実施計画を立案します。夏季開催の場合、5月に案内を作成、6月配布と申込書回収、7月相談日時の決定と通知、7月下旬及び8月下旬に相談日を設定し実施しています。

### 4）理解推進事業

　学校公開は年2回、おおよそ6月と9月に開催しています。年度始めに、計画を立案し、関係機関に案内の配布を行います。4月から6月までの間、コーディネーターが案内を活用し、関係機関への広報活動を行います。ボランティア養成講座は年1回7月下旬の開催です。年度始めに立案し、区広報誌などを通して、広く都民に参加者を募ります。


## (4) センター的取組みについての評価

　本校のセンター的取組みの評価は、以下のように実施しています。

### 1）内部評価

　内部評価は、校内組織である一貫教育推進連絡会が推進し、センター的取組みの評価は支援部の業務として評価を行います。一貫教育推進連絡会の実施計画に基づき、業務内容について評価し、今年度の課題や来年度の改善策について検討しています。評価のスケジュールは、7月に実施計画の提案があり、8月・9月にかけて業務の成果と課題を踏まえた改善点を検討します。10月、全校として取りまとめを行うため、支援部として提出し、11月企画調整会議において協議を行います。その後、職員会議で全校周知し、PDCAサイクルを志向しています。8月・9月の分掌での検討の際、すぐに改善できることは次年度を待たずに改善するようにし、その内容を次年度に引き継ぐようにしています。

### 2）外部評価

　本校は、東京都で定められた外部評価機関として、学校運営連絡協議会（以下、学運協）を設置しています。校長によって委嘱された外部委員（有識者、地域住民代表、関係機関職員、関係学校教職員、保護者代表）と内部委員

（副校長、経営企画室長、主幹教諭）によって構成されます。学運協による外部評価は年1回、11月以降より年末にかけて実施します。2月開催の協議会においてまとめと考察を行い、結果を職員会議及び年度末の全校保護者会にて、教職員、保護者に周知を図ります。

　また、センター的取組みに関しては、学運協による評価の他、事業に関わった外部の方からのアンケートによって実施しています。アンケートを実施している事業は、乳幼児教育相談、見え方の相談会、学校公開、ボランティア養成講座です。アンケートの結果は、内部評価の際の資料として生かすようにしています。

　学運協による評価、事業に関わった外部の方々の評価について、表5-7にまとめました。

## (5) センター的取組みについて、今後の課題と感じている点

　本校がセンター的取組みを展開するうえで、課題と思われる点を以下に3点挙げてみたいと思います。

　1点目は、必要な支援が必要な人に本当に届いているのか、ということです。視覚障害特別支援学校である本校は、視覚障害教育の理解推進を図りながら、見え方に困り感のある人がいれば、視覚障害教育の蓄積によってその人の困り感を軽減する情報を提供するという立場で、これまで乳幼児・小学生・中学生への支援を行ってきました。しかしこれらの取組みは、まだまだ広く周知されていない現実があります。乳幼児期の場合は、弱視であっても他児と同じように動いているため、視覚的なハンディが見逃されてしまうことがあります。小学生、中学生の学習困難の背景として視知覚の課題が見逃され、単純に知的な問題と捉えられる傾向があります。本校は、当事者の困り感が発信されることによって初めて外部支援として関わることができるので、その発信がなければ取組みの推進はありません。視覚障害教育のセンター的取組みのさらなる周知をどう図るか、という課題を感じています。

　2点目として、取組みの評価を挙げたいと思います。1点目で挙げたとおり、依頼に応じて、センター的取組みを進めていますが、その評価について

表5-7　センター的取組みについての外部評価

| 外部評価 | 評価者 | 評価項目 |
|---|---|---|
| 学運協 | 学運協協議委員、保護者 | ○本校は地域の視覚障害教育のセンター校としての役割を果たしているか（就学前相談、見え方の相談会、外部支援など）<br>A：良いと思う／B：やや良いと思う／C：やや不十分だと思う／D：不十分だと思う（改善が必要）<br>○自由記述 |
| 乳幼児教育相談 | 乳幼児教育相談に参加した保護者 | ○職員のアドバイスで、参考になったこと、役に立ったこと<br>　選択肢：目に関すること（目のはたらき、病気など）／生活環境上の配慮事項／医療・福祉・教育の情報／生活リズムや身辺自立に関すること／遊び、おもちゃの紹介／その他（自由記述欄）<br>○家庭でのあそびの参考になったこと、子供の成長に役立った活動<br>　選択肢：校庭での、大型遊具や外気・水・土などに触れる体験／室内での遊具あそび／おやつづくりなど、感触や味覚を味わう活動／光や音などの視覚・聴覚の刺激に触れる活動／手あそび、体あそび、体操など、身体への取組み／おもちゃの操作など、目や手をつかったあそび／幼稚部行事への参加／その他（自由記述欄）<br>○幼稚部行事の感想<br>　選択肢：子供の活動として良かった／保護者の交流の場として良かった／良かった（自由記述欄）／良くなかった（自由記述欄）<br>○育児教室の感想<br>　選択肢：育児の参考として良かった／保護者の交流の場として良かった／良かった（自由記述欄）／良くなかった（自由記述欄）<br>○育児教室への要望（自由記述） |
| 見え方の相談会 | 参加保護者 | ○相談会に参加しての感想（自由記述） |
| 学校公開 | 参加者 | ○参観の感想（自由記述）<br>○実施の仕方（時期・時間・相談会の内容等）への感想（自由記述）<br>○知りたい情報（自由記述）<br>○その他（自由記述） |
| ボランティア養成講座 | 参加者 | ○内容について（自由記述）<br>○日時、日程について<br>　選択肢：適当であった／長かった、・短かった<br>○今後のボランティア活動の希望<br>　選択肢：希望する／希望しない |

は不十分と感じています。前述のとおり、取組みの一部について、対象者へのアンケートという方法で評価を実施しておりますが、これは学校としての取組みの全体像をとらえているにすぎません。「その支援が、個々の対象者にとって適切なものであったか」という、個々の支援としての効果に関しての踏み込んだ評価とはなっていません。

　3点目は、支援の推進がマンパワーで支えられている傾向にある現状です。センター的取組みの推進役である特別支援教育コーディネーターの指名は、ほぼ行われるようになっていますが、定数化がなされていません。コーディネーターの捻出は学校の努力で、自助努力で補教体制を組み、時間を捻出している現状です。コーディネーターの資質も、人事異動の激しいなかで辛うじて質を保っている状態です。校内からの担い手の捻出には限界があり、より早期の法改正とコーディネーターの定数化を切望しています。

## 2　〈事例〉医療機関とのネットワーク構築への試み

　前述のとおり、本校ではセンター的取組みとして内部支援、外部支援を推進していますが、ここでは、内部支援、外部支援の推進における医療機関との連携について述べたいと思います。なお、どのようなきっかけで医療機関との連携が始まっているのかという意味合いの内容となるため、「医療機関とのネットワークの構築への試み」と、〝試み〟という言葉を用いました。

### (1) ケースを通じての医療機関との連携構築

　内部支援の対象である本校在籍の幼児児童生徒、及び本校への就学を考えている幼児児童生徒の多くが、医療機関での診断・治療を受けています。支援開始の際、医療機関から紹介を受けて来談するケースが多く、眼科医から医療的所見を持参するケースもあります。眼科医からの医療的な所見は、貴重な資料となっています。医療的に詳細な情報が必要と思われる際には、本人・保護者に許可を得て、主治医訪問を行い、生活上の配慮事項を聴き取ります。

　外部支援を推進する際、「こういう場合には、医療的にはどのようにとらえるのだろうか」というような疑問が生じることがあります。その際には、適宜つながっている医療機関に相談をしています。また、医療機関への受診の必要性が考えられるケースもあります。「子供を丁寧に診てくれる眼科を紹介してください」という保護者の要望に対して、本校と関わりのある小児眼科の紹介を行っています。

## (2) 東京都ロービジョンケアネットワークからの発展的な連携

　公益社団法人東京都眼科医会による「東京都ロービジョンケアネットワーク」は、ロービジョン者・視覚障害者に対する専門的なケアの円滑かつ確実な提供を推進しています。同ネットワーク作成の「東京都ロービジョンケアネットワークリーフレット」では、「教育機関」として盲学校（視覚障害特別支援学校）の紹介があり、連携先の施設のひとつであることが示されています。

　2017年10月より、東京都立盲学校校長会と東京都弱視教育研究会は、「東京都ロービジョンケアネットワーク」の医療機関であるI眼科病院主催の「見え方と進学相談会」に関わることとなりました。相談会には、I眼科病院を受診し、進路について不安のある就学前から20歳未満の親子が来談します。盲学校及び弱視学級の教員が、個々のケースのニーズに応じて、学習や進学に有効と思われる情報を具体的に提供します。その際、盲学校の相談担当からは、①ダブレット端末の拡大カメラ機能を使うための固定アーム（近見用・遠見用）、②弱視児の学習に便利な文房具類（罫線の太いノート・白黒反転定規）、③拡大教科書（小・中学生用）、④電子教科書（高校生用）などを持ち込み、教育現場でできる工夫を具体的に紹介します。

　参加親子へのアンケート結果より、学校側の説明、個別相談への満足度が高く、「不安に思っていたことがいろいろと理解できるにつれ解決された」「盲学校の具体的な学習環境、進路がよくわかった」等の声が寄せられています。

　来談する親子にとって、普段通院する病院での相談会は参加しやすい環境

と思われます。今後も、盲学校としてできる情報提供の貴重な場である相談会への協力を続けていきたいと考えています。

## (3) 医療機関との連携による支援推進のケース例

2020年度、地域の小学校より本校小学部に転入してきた6年児童の例を紹介します。

転入前、親子で相談のために来校し、その際、視機能評価を実施しました。本人の申告する視力は0.1でしたが、実際の測定では両眼で0.02の視力しかありませんでした（片眼は手動弁）。この視力は、使用文字を普通の文字（墨字）から点字に切り換えるか否かを検討する必要のある見え方です。さらに服薬について尋ねると、炎症止めなど多種類の服薬があり、視力低下の要因となっている眼疾患の症状が落ち着いているとは言い難い状態であることがうかがえました。学習の困難度や眼疾患への配慮の必要性などから、盲学校への転校が適当と思われ、相談の結果、本校に転入が決まりました。

転入より1カ月弱が過ぎ、眼科への定期通院があり、担任とコーディネーターが同行しました。主治医の話では、見えているほうの眼は矯正すれば0.1まで視力がでるとのことでした。眼鏡処方のお願いをすると、「コロナ対策により眼鏡外来が休止しているので、処方箋は出せない」とのことでした。

そこでコーディネーターは、本校に関わりのある小児眼科複数に連絡し、事情を伝えて眼鏡の作成が可能かどうかの相談をしました。さらにコーディネーターは、費用に関して区の窓口の担当者に相談し、受診・眼鏡作成の段取りを整えました。相談した眼科のうちからひとつを選択し、実際の受診を経て、眼鏡が出来上がりました。眼鏡を装用することで児童の両眼の矯正視力は0.3まで上がりました（片眼は指数弁）。矯正視力が上がったことにより、拡大教科書等、拡大文字による学習が可能になりました。初めて使用する拡大読書器も単眼鏡もすぐに使いこなせるようになりました。眼鏡装用で、本人のQOLが格段に上がった事例です。

今後も、医療機関との連携を有効に活用しながら、幼児児童生徒の支援の充実を図っていきたいと思っています。

資料

・吉崎美香ほか（2019）「井上眼科病院での見え方と進学相談会の試み」、『第20回日本ロービジョン学会学術総会プログラム・抄録集』。
・公益社団法人東京都眼科医会「東京都ロービジョンケアネットワーク」http:www.tougan.org/care/care_index.html（2021年1月20日確認）。

# 第7節　病院内教育相談による支援の実践

## 1　センター的取組みの概要

### (1) 学校の概要

　常陸太田特別支援学校（以下、本校）は、小学部・中学部・高等部を設置する知的障害特別支援学校で、茨城県の常陸太田市、那珂市、日立市を担当しています。児童生徒数は213名、教員数は105名です。

　また、創設から約6年（2015年4月小学部先行開校、翌年4月全面開校）という、比較的新しい学校です。

### (2) 地域のセンター的機能を担う組織

　本校では、「総合的支援体制部」という組織を設けており、この組織は、「地域支援係」「就学相談係」「校内支援係」の3つの係で構成されています。

　「地域支援係」は、特別支援教育コーディネーター1名の他、巡回相談員3名で構成されており、巡回相談員は担任と兼務しています。この係は、主に校外の支援を担当し、通学区域内の保育園、幼稚園、小学校、中学校、高等学校から巡回相談の依頼があれば、依頼校に出向いて、対象児童生徒の支援にあたっています。また、市の発達相談や5歳児健診、職員研修、総合病院内での教育相談にも携わっています。

　「就学相談係」は、本校の学校見学や授業体験、新就学児体験入学を、教員2名のほか、小学部・中学部・高等部主事の協力を得て、対応しています。また、「校内支援係」は、小学部2名、中学部1名、高等部3名の教員で構成しており、本校に在籍している児童生徒及び保護者からの相談、ケース会

議・支援会議の企画運営を行っています。

## (3) 年間スケジュール

　地域のセンター的機能の年間スケジュールは、先に日時の決まっている市の発達相談や5歳児健診、職員研修、病院内での教育相談、新就学児体験入学（年3回）を優先的に入れ、巡回相談、学校見学、授業体験、校内の相談、支援会議等は、依頼者の希望日時に合わせて、スケジュールに入れています。

## (4) 地域のセンター的機能の評価
### 1）事例に対する評価

　本校では、特に評価基準は設けていませんが、巡回相談については、依頼者から支援記録が送られてくるので、それを元に、振り返りを行っています。支援記録は、茨城県で統一された様式があり（表5-8）、提出期限も「巡回相談実施後、1カ月後を目安に作成し、提出する」となっています。

　この記録を読むと、主訴に対して的確に助言しているか、助言したことが相手にきちんと伝わっていたかどうかがわかります。また、巡回相談後、助言を受けて取り組んだ内容や変容について知ることができます。そして、継続して巡回相談に行くときには、この記録を元に担当者と支援内容の評価をし、次の支援の方針を考えたり、具体的な手立てを考えたりする資料にしています。

### 2）全体的な評価とその活用

　センター的機能の全体的な評価は、年に1度、学校自己評価の際に行います。本校のグランドデザインの中に、センター的機能に関する目標や努力事項を掲げているため、その具体的方策に対し、どれくらい達成できたかについて、A：十分達成できている、B：達成できている、C：概ね達成できている、D：不十分である、E：できていない、の5段階で評価しています。

　この学校自己評価は、学校評議委員会で報告され、その後、本校ホームページで公表しています。また、茨城県教育委員会には、巡回相談の実施状況について、ケース数、相談の依頼元や相談の主な内容について、年2回、

表5-8　特別支援教育に係る支援記録

| 報告者（所属・職名・氏名） | 所属・職名（　　　　　　　）　氏名（　　　　　　　　） | |
|---|---|---|
| 相談実施日時 | 令和　　年　　月　　日（　　）　：　～　　： | |
| 相談内容 | ①助言・②研修会等の講師・③就学・進学・就労支援・情報提供 | |
| 相談方法 | ①来校相談・②出向き相談 | |
| 相談先 | 特別支援学校名（　　　　　　）　巡回相談員名（　　　　　） | |
| 専門家 | 所属・職名（　　　　　　）　氏名（　　　　　） | |
| 相談結果 | | |
| | 相談・依頼事項等（学校等から） | 助言・講義内容等（巡回相談員・専門家から） |
| | | |
| | 巡回相談後に取り組んだ内容 | 幼児児童生徒・教職員の変容等 |
| | | |

報告しています。報告した内容は、他の特別支援学校の報告と合わせて、県全体の数としてまとめられ、その年度の傾向と併せて、各特別支援学校特別支援教育コーディネーターにフィードバックされています。

## (5) 今後の課題として感じている点

　今後の課題として感じている点は、巡回相談等利用の拡充、断続的かつ継続的な支援、市町村機関との連携、教育機関と医療機関が連携するためのサポート体制の4点です。以下に具体的に述べてみます。

### 1）巡回相談等利用の拡充

　開校して6年目になり、多くの教育機関に巡回相談等を利用していただいていますが、担当地域の関係機関の4分の1にとどまっています。支援が必要な幼児児童生徒を把握し、必要なときに必要な支援ができるように、多くの機関に活用していただけるよう努めていかねばならないと思います。

### 2）断続的かつ継続的な支援

　就学前教育機関から小学校、小学校から中学校、中学校から高等学校への引継ぎは、個別の教育支援計画などを用いて行われていますが、何かあったとき、過去に取り組んだ支援と成果を踏まえて、今後の支援を一緒に考える人が必要なのではないかと感じています。関わりは断続的であっても、書面では伝えきれない情報を提供し、支援できる体制を整えていかねばならないと思います。

### 3）市町村機関との連携

　市町村教育委員会から各小・中学校に巡回相談の利用を勧めていただいたり、保健センター等の発達相談支援事業等で巡回相談の利用を勧めていただいたりしたことで、保育園や幼稚園、小学校等との連携が短期間でできるようになりました。担当者が代わると頻度や内容が変わってしまうことがありますが、関係を維持し、連携して支援にあたっていかねばならないと考えています。

### 4）教育機関と医療機関が連携するためのサポート体制

　巡回相談を行っていると、小学校などの教育機関と医療機関がうまく連携できていないケースが目につきます。学校が医療機関に必要な情報を提供していなかったり、主治医の言葉が学校に的確に伝わっていなかったり、という事例です。医療と教育、互いの領域を侵害せず、それぞれの領域で最善を尽くして連携できるように、間を取りもつことができる人を育てることが課題だと感じています。

## 2　病院内教育相談から巡回相談への取組み

　ここでは、センター的機能の一環として、病院に出向いて教育相談を行っているケースを取り上げてみたいと思います。

　病院内での教育相談は、月に2回、1ケース30分〜1時間で実施しています。小児科の主治医が、教育相談が必要であると判断したときに行われ、面談前に、主治医から教育相談の目的が伝えられます。面談の際は、その目的を念頭に置きながら、相談者の話を傾聴し、気になることや不安に思うことについて一緒に考え、方向性を示したり、対応策を講じたりしていきます。電子カルテにまとめられた面談内容は、主治医に伝えられ、診察の際に活用されます。

　次に、具体的な事例を2つ紹介します。

## 3　〈事例1〉一人で学校に行けない子供に悩む保護者への支援

### (1) 病院内教育相談における相談者の概要

#### 1）相談対象者と相談内容

　相談対象者は、C小学校2年生A児（自閉スペクトラム症）の母親です。相談内容を母親の言葉として、次に紹介します。

　　　小学2年生になって間もなく、登校をしぶるようになり、付き添って登校しましたが、学校に着いてからも私から離れようとしませんでした。担任の先生が、「お母さんは帰ってください」と言うので、子供を離して家に戻りました。登校しぶりは毎日続き、登校できない日もでてきました。登校できない日が続いたある日、担任の先生が、「いつでもいいので、登校できるときに登校してください」と言ってくれたので、本人が行く気になったときに、一緒に登校することにしました。登校できた日でも一人では教室に行けず、付き添って教室に入りました。子供が、「お母さんが帰るなら、僕も帰る」と何度も言うので、先生と相談し、

しばらくの間、教室の後方で見守る日が続きました。今は、教室の隣の空き教室で待機しています。

　1年生のときは通えていたのに、2年生になってなぜこのようになってしまったのかがわかりません。本人にも聞いてみましたが「嫌なことは何もない。でも、お母さんがいないのは嫌だ」と言うだけでした。私も精神的に疲れました。いつまで付き添えばいいのか教えてください。

## 2) A児の状況

　A児は、幼稚園のとき、登園をしぶることはありましたが、一時的なものが多く、登園しないことはありませんでした。小学校に入学してからは、学校生活で気になることはなく、友達もいました。学習内容も理解していて、テストも80点以上を取っていました。

## 3) 主治医より

　主治医からは、母親が頑張って付き添っているだけでは改善しないので、C小学校に、安心できる場所、信頼できる人の確保、本児に過度なプレッシャーをかけないことなど、環境調整に取り組んでほしいとの要望がありました。


## (2) 病院内教育相談での助言内容

　病院内における教育相談では、母親に対して主として次の3点を中心に相談員が助言をしました。

## 1) いつまで付き添いを続ければよいか

　A児は、一人で学校に行くことに対し、何らかの不安があると考えられます。学校に行きたくないのではなく、一人では行けない、ということなので、本人の気持ちの整理ができ、「お母さんは、帰ってもいいよ」とA児が言うまで、保護者が付き添っていく必要があると思います。

## 2) 安心できる場所、信頼できる人の確保

　保護者が付き添って小学校に来ている間に、今、使っている空き教室のように、安心できる場所を確保するとともに、小学校の教職員の中から、信頼関係を築ける人をつくることが必要です。それは、A児に関わる教職員であ

れば、担任以外でも可能です。A児が安心していられる場所や信頼できる人ができたら、その場所を拠点とし、そこから次の授業に行けるようにします。

### 3）過度なプレッシャーをかけない

具体的に次のようなアドバイスをしました。

前の日の晩に、A児が「明日、学校に行ったら、お母さんは帰ってもいいよ」と言ったとしても、〝それを必ず実行しなさい〟というプレッシャーは与えずに、〝わかりました。でも、いつでもキャンセルは可能です〟という程度で受けとめるようにしましょう。

やらなければいけないことはわかっていても、できない自分がいて、どうしたらよいのかがわからないことが、お母さんから離れられない状態をつくっているかもしれません。そのときの状況に応じて対応することが大切です。

## (3) 教育相談を行った結果

主治医より、母親が「やはり、本人が一緒にいなくても大丈夫と言うまで付き添わないと駄目ですね」と話していたこと、疲れているようだったので、お母さんが休みたいときも学校を休んでよいこと、特別支援学校の巡回相談を依頼して環境調整をお願いしたほうがよいとお話ししました、との報告を受けました。数日後、C小学校から巡回相談の依頼があり、本校が支援に入ることになりました。

## (4) 巡回相談での取組み

### 1）保護者面談

保護者面談では、母親の先が見えない不安の話を聞き、励ますとともに、疲れたら学校を休んでよいことを伝えました。疲れは、我慢の限界までためこむのではなく、適宜解消し、安定して学校に通えるペースを見つけていくことが大切であることを伝えました。また、父親とも面談する機会があり、A児が、「大丈夫」と言うまで、母親と協力して対応してほしいことを伝えました。

**２）担任等面談**

　担任等の面談では、こうなったのは自分が原因ではないか、他に方法はないのかという担任の悩みを聞きました。今までの経緯や対応のなかで、母親の付き添いを認めたことは適切な判断で、その結果A児がまた登校できるようになったこと、A児が登校したときの学級の雰囲気が良いことは日々の学級経営の成果であることを伝え、今後も継続してほしいと話しました。

**３）ケース会議**

　ケース会議では、学校の全職員に、A児は登校できるときに保護者と登校すること、登校後も保護者が付き添っていること、保護者が待機する場所として空き教室を利用していることを伝えました。さらに、保護者の付き添いは、本人が、もう付き添いはいらないと言うまでであること、A児に過度なプレッシャーを与えないことを周知していただきました。また、今後は、担任の他に、特別支援教育コーディネーターと教務主任が、本児に関わっていくことにしました。

**(5) 一連の取組みの成果**

　保護者の付き添いは、4年生の5月下旬まで続きました。その間、特別支援教育コーディネーターとの信頼関係ができ、自閉症・情緒障害特別支援学級を拠点にして、授業に行くようになりました。4年生からは、自閉症・情緒障害特別支援学級に在籍し、5月下旬、A児より、「お母さん、もう帰っていいよ」との発言があり、その日を境に保護者が付き添わなくても大丈夫になりました。通院は継続していて、経過観察となっています。

## 4　〈事例２〉不適応行動のある子供に悩む保護者への支援

**(1) 病院内教育相談における相談者の概要**

**１）相談対象者と相談内容**

　相談対象者は、D小学校4年生B児（自閉スペクトラム症）の母親です。相談内容を母親の言葉として、次に紹介します。

　学校は好きで毎日登校していますが、自分の好きなことしかやらず、思い通りにならないと大声を出し、物にあたって壊すなどして迷惑をかけています。家では、父親のことを怖いと思っているので騒ぐことはなく、落ち着いて生活しています。家では落ち着いて生活できるのに、どうして学校では皆と同じ学習に取り組まないのか、どうして騒いで物を壊してしまうのかが知りたいです。また、担任の先生が、何かあるたびに、「どうしたらいいですか」と聞いてくるので、どのように答えればよいか教えてください。

### 2）B児の状況

　B児は、1年生のときから、授業中に自分の席で本を読むなど、好きなことをしていました。思い通りにならないと騒いだり、先生や友達を叩いたりしていたので、担任以外の先生が脇について対応していました。

　3年生のとき、自閉スペクトラム症の診断を受けました。服薬が始まり、思い通りにならなかったときの他者への攻撃は減りましたが、騒いで物にあたることは、なくなりませんでした。自閉症・情緒障害特別支援学級に在籍したことで、短時間ですが、用意された課題に取り組めるようになりました。テストは、教科に関係なく、受けたときは80点以上を取ります。3年生の後半頃から、友達に執着するようになりました。友達とはゲームでつながっていて、放課後、お互いの家に行って仲よく遊ぶ半面、大喧嘩もし、トラブルが絶えません。

### 3）主治医より

　主治医からは、担任から学校での様子を頻繁に報告されることで母親が疲れているので、話を聞いてどのように対応すればよいかを助言してほしい、家でもトラブルがあるようなので対応を考えてほしい、と要望がありました。

## (2) 病院内教育相談での助言内容

　病院内における教育相談では、母親に対して主として次の4点を中心に相談員が、以下のように助言しました。

### 1）どうして皆と同じ学習ができないのか

　B児は、皆と別のことをやっていても学習内容を理解していることから、自分なりの方法で学んでいるのかもしれません。「皆と一緒」よりも「本人の学習方法を知る」ことが重要です。本人に、「どうして、皆と同じ学習をしないの？」と理由を聞いてから支援方法を考えてみるのもいいと思います。

### 2）なぜ物にあたって壊してしまうのか

　物にあたって壊すと、スッキリするのかもしれません。一方、人を叩く等の行為はなくなったので、その頑張りを認めたうえで、物にあたることに代わるイライラの治め方を考えていく必要があります。なぜイライラしたのかを本人に聞き、気持ちを共有するとともに、イライラへの対処の仕方を一緒に考え、できることから実践することが必要です。

### 3）小学校の先生に何を話せばよいか

　担任には、下記のように話してみてはどうか、と提案しました。

　学習に集中して取り組む時間を確保するため、他児とのトラブルを回避するという点を大切にし、特別支援学級での学習を継続してください。交流学級での授業に参加させたいときは、得意な教科から挑戦してみてください。

　また、保護者は、小学校での対応を聞かれても、うまく説明することができないので、特別支援学校の巡回相談を利用し、巡回相談員に聞くようにしてください。

### 4）家ではどう関わればよいのか

　学校で失敗してしまったときは、まず本人の話を聞くことが大切です。何がいけなかったのか、また同じような状況になってしまったときにどう行動すればよいのかを、一緒に考えられるようにします。本人が思ったことを言える雰囲気づくりが重要なので、注意するときだけ話をするのではなく、普段から話をしたり、一緒に遊んだりして、楽しいと思える時間を共有することが大切です。

### (3) 巡回相談での取組み

　教育相談を行った数日後に、D小学校から巡回相談の依頼があり、本校が

支援に入ることになりました。以下に、本人面談と担任との面談に関して、その概略を記します。

### 1）本人との面談

　B児との面談では、学習に取り組むための工夫やイライラを解消する方法を一緒に考えました。また、考えたことをB児から担任に伝えるようにしました。その結果、「パソコンで文章を作るようにしたら、今まで自分の考えが書けなかったのに、スラスラ書けるようになった」「イライラしたら絵を描くことにした」といった成果が得られました。一方、提案したことがすべて実現するわけではありません。提案しても、「それは、難しいな」と返答されたら、いったん受け入れ、また一緒に考えることも実践しながら学べるようにしていきました。

### 2）担任等との面談

　担任と支援員は、B児の対応で苦悩していました。実際の指導場面を見て、B児に合わせた良い支援を褒め、自信がもてるようにしていきました。また、B児が支援の方法を提案してきたときは、その受け入れ方についてレクチャーし、実践できるようにしていきました。母親の対応にも困っていたので、母親の状態を伝え、連絡帳に毎日詳細を書かなくてもよいということを伝えました。

### (4) 一連の取組みの成果

　6年生になったB児は、交流学級で体育、音楽以外の授業が受けられるようになりました。休み時間は、特別支援学級に戻るようにし、他児とのトラブルを回避しています。イライラしたときはエアーサンドバッグを使用し、情動をコントロールすることが増えていきました。それに伴い、小学校から母親に連絡が行くことが減り、学校のことで母親が不安定になることは減っていきました。

　家庭への対応では、小学校から帰って来てからの交友関係でトラブルが頻繁に起こるので、放課後等デイサービスを利用し、帰宅後の生活の過ごし方を考えていきました。また、B児と父親がぶつかることが増え、土日に双方

が家にいるとトラブルが絶えなかったので、習い事を始めて家にいる時間を少なくしていきました。そのようななかで、父親とB児が一緒に過ごせる趣味が見つかり、月に2回ほど親子で釣りに行き、穏やかに過ごすこともできるようになっています。

# 第8節 サテライト方式を取り入れた支援の実践

## 1 センター的取組みの概要

### (1) 学校の概要

　千葉県立千葉盲学校（以下、本校）は、千葉県内唯一の視覚障害教育に特化した特別支援学校です。学区は県内全域であり、幼稚部、小学部、中学部、高等部、専攻科が設置され、学校の敷地から少し離れた位置に寄宿舎があります。

　幼児児童生徒数は78名で、教員数は106名を数えています。

　全職員が視覚障害教育の地域におけるセンター的役割を担っているという意識をもって日々の活動に取り組んでいます。そして、広域にわたる県内の支援を行うために、小学校等に在籍する視覚障害のある児童生徒が居住する地域で通級による指導を受けられるよう、本校内に設置している通級指導教室とは別に、地域の小学校等にも通級指導教室を設けています。千葉県では、本校を含む特別支援学校以外の小学校等に設置された通級指導教室を、「通級による指導のサテライト教室」（以下、サテライト教室）と呼んでおり、指導にあたる教員は、当該特別支援学校から派遣しています。

### (2) 地域のセンター的機能を担う組織

#### １）視覚支援センターのはたらき

　本校では「視覚支援センター」という組織を設置し、県内全域を対象に視覚障害のある乳幼児、児童、生徒（中途視覚障害の成人を含む）、保護者及び関係者に対し、個々のニーズに応じた相談支援を行っています。担当職員は

8名で、全員が特別支援教育コーディネーターの指名を受けています。千葉県内を6地区（葛南、東葛飾、北総、東上総、南房総、千葉市）に分けて担当者を置き、各地区での見え方相談会を運営したり、小・中・高等学校及び特別支援学校からの相談に応じたりしています。また、自校に在籍する児童生徒への指導として、幼・小・中・高等部をそれぞれ担当しています。幼児児童生徒の見え方に応じた視覚補助具の選定や、指導方法について学級担任と一緒に検討をすすめるとともに、必要に応じて自立活動の授業などを行っています。

　視覚支援センターでは、視覚障害教育に関する積極的な理解啓発を行うとともに、これまで蓄積してきた視覚障害教育に関する専門性や教材・教具等を、校外支援に生かしています。また、県内の関係諸機関との連携を深め、視覚障害教育のネットワークづくりにも力を入れています。2013（平成25）年度から実施した「千葉県視覚障害教育ネットワーク推進連絡協議会」（通称「eyeあいねっと」）は、年に2回、千葉県教育委員会、千葉県総合教育センター、県内5地区教育事務所、各市町村教育委員会及び各地区の拠点となる6つの医療機関の関係者に参加を呼びかけ、通級による指導を展開する特別支援学校や小・中学校の担当者と直接、情報交換を行っています。あわせて、通常の学級の教員が見えにくさのある児童生徒への支援にあたり、日々の指導に生かせることを目指して、「見えにくさのある子どもの学びを支えるハンドブック：見え方のQ＆A」（2020年度版）を発行しています。この冊子は、現場の声が生かせるように、「eyeあいねっと」参加者にアンケートによる協力をいただきながら作成しました。

### 2）通級による指導とサテライト教室

　本校は、2010（平成22）年度に校内に通級指導教室を開設しました。当初児童3名でスタートしましたが年々在籍数が増え、近年では30名前後の児童生徒が本校で通級による指導を受けています。また、前述したようにサテライト教室での指導も行っており、毎年20名前後の児童生徒が、サテライト教室で指導を受けています。

　千葉県教育委員会は、2017年度に「第2次千葉県特別支援教育推進基本

計画」を策定し、前述のように障害のある児童生徒が必要な支援を居住する地域で受けられるよう、特別支援学校の総合的な教育機能の再構築を進めました。視覚に障害のある児童生徒については、県内6地区に視覚障害教育の拠点校となる特別支援学校を定めました。これに先行し、2016及び2017年度には県立特別支援学校2校が弱視通級指導教室を開設、2021年度からは、新たに県立特別支援学校3校が弱視通級指導教室を開設します。

　今後、千葉県内においては、本校を核とし他の特別支援学校5校に設置する弱視通級指導教室と小学校等に設置するサテライト教室において指導を展開していきます。

## (3) 年間スケジュール

　視覚支援センターに所属する職員は、校内に設置されている通級指導教室やサテライト教室における指導に携わるほか、以下に示す指導や行事等に関わっています。

### 1）地域のセンター的機能に関する説明会の実施

　県内5カ所にある教育事務所が年間数回開催する「特別支援教育推進連絡会議」において、本校の地域支援の現状と取組みについて説明し、各教育事務所管内の小・中・高等学校及び関係機関との情報共有を行っています。

　また、各地区で実施している「見え方相談会」について話題の提供をしています。2019年度に県内4カ所で本校が主催した「見え方相談会」は、70名近い相談希望者に対して、ニーズに応じた視覚補助具の紹介や学習上便利な文房具の紹介等を行いました。また近年では、各市教育委員会が主催し、本校が協力をする形で実施する「見え方相談会」も増えています。市内の見え方に困難さをもつ児童生徒を各市教育委員会が把握するうえでも、市主催の「見え方相談会」は良い機会となっています。

### 2）障害理解教育に関する講習会や出前授業の実施

　通級指導教室やサテライト教室に通う児童生徒にとって、普段から自分に合った視覚補助具を使って学習することは重要です。通級指導教室やサテライト教室では自信をもって視覚補助具を使って学習をする児童生徒でも、在

籍学級では使わないという場合もあります。友達と違うものを使うことへの抵抗感がある児童生徒にとって、周囲の人の理解は大きな支えになります。

こうしたことも踏まえ、本校の視覚支援センターでは、本人の気持ちに寄り添いながら通級指導教室やサテライト教室に通う児童生徒が在籍する学校や学年等を対象とした障害理解のために授業を行っています。本人が普段使っている視覚補助具を紹介したり、クラスメートに実際に単眼鏡やルーペを体験してもらったりすることをとおして、「これ、便利だね」と声をかけてもらうことが励みとなるだけでなく、視覚障害のある児童生徒が、必要なときに使える補助具という認識を深めるきっかけとなっています。この障害理解授業は、クラス単位や学年単位など、学校の実情に合わせて行っています。また、要請に応じて職員向けの研修会も開催しています。

### 3）サマースクールの取組み

本校では毎年、夏休みに学校をあげて「サマースクール」を開催しています。サマースクールは、見えにくさのある子供たちやその保護者に学ぶ手立てがあるということを知ってほしい、という思いから夏期休業を活用し、2008年度から2日間の日程で開始しています。

目的は、「盲学校以外の場所にいる視覚障害のある幼児・児童・生徒が、自己理解を深めるとともに、仲間作りをするための一助とする」とし、保護者に対しては、「授業参観や視覚補助具、教材紹介等を通して、盲学校や視覚障害教育への理解を促す」こととして、実施しています。

千葉県内すべての小・中・高等学校に開催に関する文書を送付し、ホームページでも参加を呼びかけています。視覚障害に配慮された授業を体験したり、見えにくさのある友達同士の交流の場をもったりする機会となっています。また、保護者にとっても、普段話すことのできない悩みを保護者同士で共有するなど、貴重な情報共有の場となっています。

その他、参観者が自由に手に取って見られるように、各教科の授業等で活用している、見えにくさに配慮した教材・教具を展示したり、便利な視覚補助具の紹介を行ったりしています。

### 4）訪問相談、在籍校訪問の取組み

　本校では、関係機関からの要請に応じて訪問相談を行っています。主な相談内容としては、小・中学校の校内の環境における配慮事項の確認や、学習上の配慮についての諸問題が挙げられます。相談の際、対象児童生徒の授業参観をしたうえで、担任・特別支援教育コーディネーター等が同席して話し合います。

　また、通級指導教室やサテライト教室に通う児童生徒の在籍校に、必要に応じて在籍校訪問を行うこともあります。普段の学習の様子や友達と関わる様子を参観し、担任と情報共有を図ることで、通級指導教室での指導に生かしています。

### 5）年間スケジュール

　本校の視覚支援センターの主な年間スケジュールを紹介します（表5-9）。

　毎年4月の職員会議にて、視覚支援センターの取組みについて校内職員に周知し、全職員の理解と協力をあおぎます。また、それぞれの会議等の内容については、実施後に資料や会議録を回覧して校内職員への周知に努めています。

表5-9　視覚支援センターの主な年間スケジュール

| | |
|---|---|
| 4月 | 柏サテライト通級指導教室に在籍する児童生徒担任等研修 |
| 5月 | 通級による指導開始、必要に応じて在籍校訪問開始 |
| 6月 | 第1回千葉県視覚障害教育ネットワーク推進連絡協議会（eyeあいねっと） |
| | 「個別の指導計画」配布、通級指導保護者懇談会 |
| | 第1回千葉県視覚障害通級担当校連絡会議 |
| 7月 | 千葉盲学校サマースクール |
| 8月 | 千葉県内視覚障害通級指導教室に在籍する児童生徒担任等研修 |
| 10月 | 通級指導保護者学習会 |
| | 第2回千葉県視覚障害通級担当校連絡会議 |
| 2月 | 第3回千葉県視覚障害通級担当校連絡会議 |
| | 第2回千葉県視覚障害教育ネットワーク推進連絡協議会（eyeあいねっと） |
| 3月 | 通級まとめの会 |

## (4) 地域のセンター的機能の評価

　本校では、年度末に、通級による指導を受けている児童生徒の保護者を対象に学校評価についての質問を実施しています。

　この評価については、①一人一人が輝く通級指導教室づくり、②共に育てる通級指導教室づくり、③専門性の高い通級指導教室づくり、④地域や関係諸機関との連携の重視、という4つの大きな柱で、合計11問の設問（表5-10）

表5-10　保護者を対象とした評価の質問

| No. | 評価項目 |
|---|---|
| ●一人一人が輝く通級指導教室づくり | |
| 1 | 個別の指導計画を活用して、児童生徒は充実した学習活動ができていますか？ |
| 2 | 通級指導教室の中には、不安や悩みについて教職員に相談しやすい雰囲気がありますか？ |
| 3 | 児童生徒一人一人のことを考えた授業づくりや教材の工夫（手立て）ができていますか？ |
| 4 | 教職員間や教職員と保護者間で学習や生活面の引き継ぎはできていますか？ |
| 5 | 児童生徒一人一人が保有している視力や視覚の機能に応じた情報獲得のための指導（歩行学習を含む）はできていますか？ |
| 6 | 避難経路や安全対策の確認を実施し、児童生徒が非常災害時に適切な行動がとれるように指導していると思いますか？ |
| ●共に育てる通級指導教室づくり | |
| 7 | 盲学校から保護者への適切な情報提供ができていますか？ |
| 8 | 盲学校と保護者や在籍校との情報交換や意見交換は適切にできていると思いますか？ |
| ●専門性の高い通級指導教室づくり | |
| 9 | 教職員は、児童生徒のために研究や研修を積み、より良い学習づくりや教材づくりに取り組んでいると思いますか？ |
| 10 | 盲学校から児童生徒や保護者に対して、将来の生活を見通した進路指導や情報提供ができていると思いますか？ |
| ●地域や関係機関との連携の重視 | |
| 11 | 児童生徒がより良い学校生活を送ることができるように、地域や関係機関と連携して取り組んでいると思いますか？ |
| ●設定項目以外に感じたことがあれば、自由にご記入ください。 | |

を準備しています。そしてA（できている）、B（だいたいできている）、C（どちらかというとできていない）、D（できていない）の4段階評価で実施しています。それぞれの設問に対しての評価を集計し、次年度の取組みに反映させています。

　具体的な改善例としては、進路指導においての要望が多く出た場合は翌年に進路指導主事と連携し保護者学習会のなかで進路についての話題を提供したり、欠席の保護者には、資料を送付したりするなど、評価からの改善を行っています。また、結果についてはホームページ等で開示しています。

### (5) 今後の課題

　上記のように本校が中心となり、「eyeあいねっと」を含めた様々な取組みを通して、県内各教育事務所や各市町村教育委員会等に視覚障害教育に関する話題提供を行っています。それにより、各市町村における視覚障害教育に対する理解が深まり、より効果的な支援につながる例が増えたり、各市主催の見え方相談会によって、通級による指導につながったりする例がみられます。

　「サテライト教室」は、盲学校の中とは異なる環境での指導になりますので、難しさもあります。しかし、盲学校と設置校、通級担当者と担任、保護者との連携を明確にすることで視覚障害教育に関する周囲の理解につながり、見えにくさによる困難の改善や克服につながると考えています。盲学校、設置校双方向からの支援が結びついていくことが、サテライト方式による指導の利点であると感じています。

　2017（平成29）年10月、千葉県教育委員会による「第2次千葉県特別支援教育推進基本計画」が出され、一人一人の教育的ニーズに応じた支援が地域で受けられるように、県内6地区の特別支援学校における「サテライト教室」で支援が受けられるようになりました。これまで以上に専門性をもって指導にあたることができるように、本校は千葉県における視覚障害教育の主管校としての自負をもって、各特別支援学校の「サテライト教室」への支援を進めていきたいと思います。

## ２　〈事例〉サテライト教室における指導の実践

千葉盲学校通級指導教室（柏サテライト教室）での実践例を紹介します。

### (1) サテライト教室の開設

2015年４月、千葉県北西部に位置する柏市内の小学校内に、本校のサテライト通級指導教室が開設されました。2020年度には、小学２年生から中学２年生まで11名が学習しています。

2015年以前は、この地域の児童生徒は、通級による指導を受けるために、在籍校を早退して、片道１時間半ほどかけて本校に来校していました。柏サテライト通級指導教室が開設されたことで、県北西部在住の児童生徒への支援の拡充が図られたのです。

現在、本校から週２日、２名の職員がサテライト教室で指導にあたっています。通級による指導は、週に１〜８単位時間を標準としていますが、指導時間数は児童生徒の実態に応じて異なっています。

### (2) サテライト教室におけるＡさんの指導

#### １）Ａさんのプロフィール

Ａさんは、中学校の第２学年です。疾患名は未熟児網膜症で、遠距離視力は0.15で、最大視認力は0.4（17cm）程度です。

Ａさんは、小学校１年生時から本校の通級指導教室に通って指導を受けていました。２年生になったとき、Ａさんの在籍校の小学校内にサテライト教室が開設されたのを機に、在籍校の中で、放課後に毎週１単位時間、通級による指導を受けることになりました。

主な指導内容は、在籍学級での授業内容の聞き取り、視覚補助具を活用した読み書きのスキルを上げる読速度・書き速度の計測、パソコンの活用などでした。また、高学年になると、拡大教科書からPDF版拡大図書を活用するようになったことを踏まえ、視覚補助具のひとつとしてiPadの活用方法

についても指導しています。

## 2）Aさんへの指導支援の工夫

　通級による指導の実施にあたり、指導内容の選定・充実を図るうえでも、在籍校との情報の共有を含めた連携は密に行う必要があります。そこで、「学習の記録」（表5-11）を作成し、毎時間の記録を在籍校の担任、保護者と共有し、指導支援の充実を図っています。

　「学習の記録」では、上記のように、指導の実践記録だけではなく、〈通級担当より〉〈担任の先生から〉の欄を設けることで、普段の生活では気づいてもらえないような本人の困難さに対する支援を共通理解することができます。また、担任が代わっても適切な支援を継続して行うことができました。

表 5 - 11　学習の記録

---

学習の記録　　　　　　　　　　　　　　　　　　　　　　　　　　○月○日

〈学習した内容〉

①単眼鏡を使った板書読み　270文字／分

②上記をノートに書き写す　31文字／分

③次年度の教科書の最適ポイントを知るために、MN-READを使い、ポイント数を確認しました。

④中大兄皇子や中臣鎌足などの、複雑な漢字が並ぶ歴史上の人物名について、ルーペを使って漢字を1文字ずつ確認し、大きめのマスのノートに確かめながら記入しました。

〈通級担当より〉

「お忙しい中申し訳ありません。授業の見学ができる日時を教えてください。

　先日話題にしたところですが、再度本人に聞いたところ、スポーツ用ゴーグルや書見台をあまり使えていないようなので、自分の眼を守るために必要なものであることを説明しました。」

「書見台は、今年に入ってからどこにあるのか分からないそうですが、教室にありますか？」

〈担任の先生から〉

「書見台、すみません。教室の後ろのロッカーにずっと立てかけていました。どのタイミングで使うのかが分からず、そのままになっていました。今後は声を掛けていきます。スポーツ用ゴーグルの件も、了解しました。参観は、○月○日○時間目でいかがでしょうか。」

（＊担任の先生へ：記録を確認後、保護者にお渡しください。）

（＊保護者の方へ：担任の先生より記録を受け取り、次回の通級指導日に持たせてください。）

---

### 3）困難さの解消に向けて

　通級による指導では、ローマ字を習い始める小学校3年生以降に、パソコンの操作や、見やすい画面設定の方法、マウスポインタを拡大する方法などの指導をしていきます。

　学級担任の先生から、総合的な学習の時間にパソコンを使って、校外学習のしおりを作成する活動で、Aさんがとても見えにくそうにしているという相談がありました。通級における指導の時間でも、同様の訴えがあったので、急遽、在籍校の協力を得て、翌指導日の午前中に授業参観を行いました。

　通級の指導では、デスクトップパソコンでの学習を行っていますが、Aさんが通常の授業で使っているのは、画面の小さいタブレット型ノートパソコンでした。見えにくさや操作のしにくさがあると思われたので、その場でマウスポインタの設定を少し大きめにしたり、軌跡が残ったりする設定方法を伝えました。そうしたところ、自分でポインタを見つけやすくなり、操作性も向上しました。それと同時に自信がもてたのか、文字を入力したり、カラーで絵を描いたりするなどして、しおりの表紙を完成させることができました。

　また、Aさんが作業をしている間に他の児童から質問されたときには、Aさんの見え方も踏まえ、周りの児童に見えやすくなる方法を伝えるなど、周囲への理解啓発も行いました。

# 第9節 介助員等に対するアドバイスと配置の実践

## 1 センター的取組みの概要

　本事例は、2013 〜 19（平成 25 〜令和 1）年度の間、区の教育委員会からの依頼を受け、東京都立城北特別支援学校（以下、本校）においてセンター的機能を発揮して取り組んだ実践内容です。しかし、本校は 2019 年度をもって閉校となりましたので、ここで紹介するのは過去の事例であることをお断りさせていただきます。筆者も翌年 4 月に東京都立墨東特別支援学校に異動しています。

　なお、個人が特定できるような詳細な記述は避けたことをお断りします。

### (1) 学校の概要
　本校は、小学部・中学部・高等部を設置する肢体不自由特別支援学校で、在宅訪問の学級も設置していました。肢体不自由の専門性をもつセンター的機能を担っており、足立区及び荒川区を校区としていました。

### (2) 地域のセンター的機能を担う組織
　特別支援学校のセンター的機能は「支援課」と「教育相談課」が業務として担当していました。特別支援教育コーディネーターは、「教育相談課」に 3 名、「支援課」に 1 名の計 4 名が配置されていました。

### (3)「支援課」の業務内容の概要
　支援課の業務は、内部支援と外部支援、ネットワーク機能でした。構成員

は、小学部1名、中学部2名、高等部1名、自立活動部2名の計6名です。筆者はそのうちの1名として、特別支援教育コーディネーターの指名を受け、都合十数年同じ立ち場で業務を担当しました。

### (4) 地域のセンター的機能の評価

　地域のセンター的機能に関する外部向けの評価は実施していませんでした。校内向けの評価は保護者・教職員等を対象とする年度末の「学校評価」のなかで行いました。保護者・教職員の回答には「知らない」や「よくわからない」というものが散見され、センター的機能とは何かということやセンター的機能の現状に対する啓発資料をつくって周知に努める必要があると思われました。

### (5) 今後の課題

　今後の課題としては、次の3点が挙げられます。
　　①　センター的機能は、どんどん広がり、深まり、終わりがないこと。
　　②　センター的機能の狙いは、支援先が「自立」して支援できるように支援先の支援力を向上させていくことだが、人事異動等によって、その向上が十分に定着しないこと。
　　③　学校の外で行っている取組みについて、校内関係者（教員・保護者）の関心が薄く、またよく理解されていないこと。

## 2　〈事例〉地域の小・中学校の介助員等に対する　　アドバイスと配置

### (1) 課題所在の概要

　ここで示すのは、2013（平成25）年度から区の教育相談センターの要請を受けて行った事例です（教育相談センターとは、区の教育委員会の中で特別支援教育を担っているセンターのこと）。
　区に介助員の配置申請が挙がっているケースについて、教育相談センター

の担当者と共に在籍校に足を運び、ケースの様子を観察してその「介助度」をオリジナルの評価表に記入して提出し、後日配置判定のための会議の場で意見を述べることが本校に求められた事業の内容です。

　肢体不自由については本校が、発達障害と知的障害については、隣接する知的障害特別学校が事業を担当していました。本校に求められていることは以上なのですが、実際に足を運んでみると、単なる本人の評価と介助員の配置では問題は解決しないことがわかりました。つまり、介助員の配置だけではなく、介助員及び担任がどのように関わるかという人的要因、施設や教室、授業をどのように組み立てるかという環境要因、根本となる障害の理解（総論の理解と、ケースに応じた各論の理解）、進路、個別指導計画の必要性、身体、認知など、問題は多岐にわたっていると痛感しました。

## (2) 取組みの経緯

### 1）教育相談センターからの依頼を受けて

　2012（平成24）年度末に教育相談センターの職員が本校の校長を訪れ、特別支援学校のセンター的機能を発揮して介助員配置に関する支援をしてほしいと依頼されました。区が配置する日常生活介助員の配置に専門的な視点からの助言と根拠がほしいという依頼内容でした。隣接する知的障害特別支援学校と業務の分担をし、隣接校のコーディネーターと視点の共有を以前から常に行っていました。障害種別が違うと評価の観点等は若干異なるものの、介助員配置や当事者支援の本質は変わることはないということを共有しながら進めていきました。

### 2）評価表の作成

　翌年度には、教育相談センターの作成した原案をもとに、評価表を作成しました。肢体不自由の評価表は、「下肢（車いす使用か否か）」「上肢操作」「視覚」「聴覚」などの身体の項目とともに、「学習」「排泄」「更衣」「食事」などの学習や生活の項目が大切であり、さらに「集団に入った時に危険を被る可能性」や「集団に入った時に危険を与えてしまう可能性」についての評価項目も重要な視点として付け加えました。

　例えば、頸椎脆弱や、頭部にシャントが入っていたりするケースの場合、周囲の児童生徒自身に他意はなくても、集団の不意な動きが危険をもたらし、ケースによっては取り返しのつかない事態になる可能性があるからです。また、逆に当事者に他意はなくても、例えば不安定な歩行や安全確認の不足した車いすの操作が、周囲の児童生徒に危険をもたらす可能性もあるという、小・中学校の通常の学級ならではの視点も加味しました。

## (3) 1年間の流れ

　行動観察及び日常生活介助員配置委員会への出席はすべて区の依頼を受けて行いました。具体的な対応は以下の通りです。

 ① 　新規の児童生徒及び継続配置希望のケースの行動観察（通年）

 ② 　日常生活介助員配置検討委員会（年に3回）

 ③ 　「区主催」介助員向け研修会講師（夏季休業中）

 ④ 　ケース数（肢体不自由）：年間20 〜 30ケース程度

## (4) 行動観察の実際

　依頼を受けた対象児童生徒の行動観察等は、次の過程を踏んで行います。

### 1）日程調整及び事前の情報収集

　はじめに、行動観察のための日程調整とともに、必要に応じて事前の情報収集を行います。新規のケースの場合は、区の担当者に障害名や介助員配置の目的などを聞き取ります。障害名や診断名がいくつも併記されている場合は、情報の因果関係を推測したり、わからないことは調べたりして準備します。

### 2）行動観察（事前打合せを含む）から評価表作成までの流れ

　前もって調整した日時に、区の担当者と行動観察の目的で学校を訪問しますが、場合によっては区の担当者と事前の打合せを行います。このときに、学校での様子や、行動観察を行う児童生徒の困難を聞き取ったりします。学校訪問のときに対応してくださる方は、特別支援教育コーディネーター、養護教諭、副校長、校長と、学校によってまちまちでした。なお、行動観察の

後は、ただちに評価表に結果を記入し、所定の手続きを続けます。

　行動観察から評価表作成までの視点等は、概ね次のとおりです。

　　①　座学の授業の様子に加え、休み時間や体育の授業など動きのある場面も観察する。ケースによっては、必要に応じてトイレや昇降口、階段などの施設面やそこでの動きも観察する。

　　②　すでに介助員が配置されているケースでは、介助員から介助の様子や困ったこと、疑問点などを聞き取る。数年にわたって同じ児童生徒の介助をしている介助員の方には、児童生徒の様子や変化・成長などについても聞き取る。また、担任からも同様の話を聞く。

　　③　観察後には、事後のフィードバックの時間をとるようにする。このフィードバックは、主に管理職や養護教諭を対象とした。ケースの障害の特性、授業や環境の工夫、個別の指導計画の必要性、進路などに話が及ぶこともある。アドバイス内容の詳細は後述する。

　　④　職場に戻って、観察した内容を評価表に記入し、文章にも記して教育相談センターに提出する。

　　⑤　学校によっては「フィードバックの内容を保護者にも校内の関係者にも伝えてほしい」との依頼を受けて、外部支援に発展したケースも複数あった。学校主催で保護者も交えた「支援会議」形式に発展し、その場に招聘されたこともあった。また、こうした「支援会議」を毎年行うようになった学校もいくつかあった。こうした流れは、学校の支援力を高めたり、意識の向上につなげたりするうえで大切であると感じている。

## (5) 行動観察によるアドバイスの視点

　行動観察に基づいてアドバイスを行う際に大切なのは、どのような視点に立って行うかということだと思います。以下においては、こうしたアドバイスの視点を中心課題として述べます。

### 1）障害理解の視点（障害とは何か）

　この調査が始まってまず気がついたことは、多くは管理職の方々が「何か

あったら心配だから、介助員をつけてほしい」と言われることが多いということでした。まず、「何かあったら」とは、「何が？」「どのように？」などということを具体化することが必要だと感じました。

　例えば、脳性麻痺で独歩不安定で短下肢装具を履いているケースの場合、「歩くのが不安定だから転んでけがをすることが心配」というようにおっしゃいます。この場合は、「不安定そうに見えますが、彼（彼女）の場合は、この歩き方が〝当たり前〟なのです。よく観察していただくと不安定そうに見えても本人なりにバランスをとって歩けています」と伝えました。また、「転ぶこともあると思いますが、転ぶことを避けるのではなく、ダメージの少ない転び方ができるように学習することが当事者にとっては大事なのではないかと思います。むしろ、転んで一時的にケガをすることよりも、獲得した不安定な歩行により、将来的に身体が歪んでしまう危険性のほうが心配です。そのためには日々の身体の取組みが必要です……」このようなお話を何度もしました。もちろん、前述した頸椎脆弱やシャント等、一度の転倒が取り返しのつかない大きな危険につながる場合は、そのようなフィードバックはしません。

　また、例えば先天的に手足が短い特徴をもったケースの場合は、「トイレのときに不便だから」「ランドセルを背負うことが難しいから」介助が必要ではないか、などと言われます。低学年の場合はともかく、本人はその身体で一生生きていくので、いずれは一人でできるようにならなければなりません。やってもらうばかりでなく、どうしたら自分でできるようになるのかをスモールステップで考えること、もしくは、例えばランドセルではなく代替物なら一人でできるようになるのかなどを一緒に考えることが学校として必要なことなのではないか、というお話をします。また、一見不自由そうに見えても、案外、本人は不自由とは思っていない場合もある、ということを話します。さらに、思春期近くになると、当然、自己理解への配慮は必要になりますので、この点への配慮も大切であることを伝えることにしています。

　同じように、多くの診断名が併記されている場合、「いくつも障害があってこんなに大変だから」と言われることもありますが、養護教諭等の情報か

ら状況を整理し、説明をしました。「根本の問題はここで、これとこれとがこのようにつながっていると思います。この問題に対する配慮は……」というように。こうして問題を整理することも大切なポイントです。

　通常の学校の先生にとっては、他の子と違うということが「大変」「危険」「何とかしなくては」と直感的に結びつくことが多いと感じました。つまり、「わからないことに対する漠然とした不安」なのです。個々の障害の状況は違うので、必ずしも「大変」「危険」ではないかもしれないし、何より当事者にとっては「自分の」「当たり前の」身体なのです。

　誤解を恐れずに言えば、「ほかのお子さんとちょっと違う子供を預かって心配だが、何がどのように心配なのかわからない。わからないことが心配。だから人を配置しておいて心配を少しでも軽減したい」というような思いが垣間見えることも多々あります。私たちは、特別支援教育の視点から、介助員の配置は大人の安心のためではなく、対象の児童生徒自身が置かれた環境下で、「何をどのように」学ぶことができるのか、そのために介助員がどのような役割を果たすのか、介助員の配置は当事者自身のためである、という基本に立ち返った内容の説明を繰り返し行いました。同時に、人を配置すれば解決することばかりでなく、関わり方とか環境や課題の工夫などできることはたくさんある、ということも繰り返し伝えました。

## 2）介助員への対応

　すでに介助員が配置されているケースでは、良かれと思って「あうんの呼吸」で関わることが多くあります。長く一緒にいることで、対象の児童生徒の行動や気持ちが読めるようになっていて、先回りして介助したり、代弁してしまうこともあります。

　これは、介助される当事者本人にとっても介助員にとっても担任にとっても保護者にとっても、それは快適だし、物事はスムーズに運び、一見すると「とてもよい介助」のように思いがちですが、これでは対象の児童生徒の「力」にはなりません。「できたつもり、やったつもり」が一番よくない、ということも繰り返し伝えました。介助が過剰になってしまうと、うまくまわっているように見えますが、これでは主体者は「子供」ではなく、「大

人」になってしまいます。

　そして、過介助が日常的になると、スムーズに物事が運ぶので、日々行われていることが過剰であるということに気づきにくくなるようです。距離が近すぎると見えにくくなり、第三者が観察することで見えてくることなのかもしれません。我々の役割のひとつはここにあります。

　講師を務めた夏季休業中の介助員対象の研修会でも、毎年必ず「介助員は黒衣に徹してください。やりすぎにならないように。どのように工夫したら自分でできるようになるかということを考えてください」と話しています。このことについては、毎回お話をさせていただくうちに介助員自身にも学校にも定着してきたと思います。

### 3）担任への対応

　担任は、介助員がついていることで安心するのか、「当事者のことは、お任せしています」という答えが返ってくることもありました。「そうではなくて、介助員さんも指示がないとどのように動いてよいのかわからず困っていますので、個別指導計画を作って、ねらいと手立てをはっきりさせ、介助の方法について介助員さんと話し合ってください」と伝えることが多々ありました。

　担任にとっては、当事者は数十名の受け持ちの子供のうちの一人なので、「一人のために、手も時間も特別にかけるわけにはいかないのはわかりますが、そのために介助員が配置されているので、当事者の個別指導計画はぜひ作っていただきたい」と申し上げています。

### 4）本人への対応

　介助員がいつも隣にいて、「あうんの呼吸」での介助が日常的になると、「できたつもり。わかったつもり」が積み重ねっていく様子がみられるようになります。当事者も「やってもらって当たり前」、介助員も「いて当たり前」になってしまうことを少なからずみてきました。

　「お願いします」と口に出して介助をお願いし、介助が終わったら「ありがとう」と感謝を口にする、というような当たり前な態度を育てたいということ。介助を受ける当事者は、常に一方的に支援してもらう側に立つわけで

はなく、友達を支援する場合もあるということ。障害があることイコール支援を受ける人という構図だけではなく、支援することもあるというフェアな関係であること。支援したら感謝され、支援されたら感謝するという当たり前の態度を育てること。これらの大切さを常に念頭に置く必要があることを強く感じ、そのことを関係者に伝えるようにしてきました。

　また、「あうんの呼吸」での支援が日常的になると、本人は困りません。しかし、困らないことが良いことなのではなく、「困る」→「考える」→「行動する（依頼する）」という流れをつくりたい、ともアドバイスしてきました。あくまでも当事者を「学習の主体者」として考えることが大切だと思います。

### 5）クラスメートへの対応

　友達への説明についてのアドバイスもしました。もちろん保護者の了解のうえが原則ですが、本人の障害をどのようにクラスメートに伝えるか、ということも大きな問題です。クラスメートの学年や集団の理解力に合わせて、嘘をつかず正しい内容をしっかりと伝え必要な支援や配慮を求めることを、一度のみではなく折に触れて行ってください、と伝えました。


## (6) 自立活動の捉え方

　小・中学校の通常の学級には、「自立活動」という時間はありませんし、もちろん自立活動の視点もありません。しかしながら、肢体不自由の障害のある子供たちには、やはり「自立活動」が必要なのだと、介助員調査に行くようになってつくづく感じています。自立活動において大切な視点は以下の通りです。

### 1）身体への取組み：姿勢・運動

　身体の障害が原因で体育の授業に参加できず、見学になってしまうというような児童生徒の場合、担任から縄跳びや跳び箱への参加の仕方についての質問を受けることがありましたので、「できないことはできないので、代わりの課題を考えることが大切」だとアドバイスし、さらに、「個別指導計画に基づいて、介助員と共に本人に必要な体の取組みをするとよい」と提案し

ました。

　肢体不自由のある児童生徒たちには、「自分には、この運動が○○のために必要である」ということを理解させることが大切なので、具体的な運動については、必要に応じて自立活動部の教員と観察に行って、提案することもありました。学習時や歩行時の姿勢についても具体的にアドバイスすることもありました。

**2）日常生活に必要な動作の獲得：排泄・着替えなど**

　教室の机やロッカーなどの場所の工夫、それを使いやすくわかりやすく表示したり整理したりする構造化の工夫等は、当事者が主体的に学んでいくための大切な支援の視点です。

　また、排泄等に特別な手技が必要な場合、小学校の低学年のときにはまだ自分で行うのは困難だとは思いますが、学年が進むに従い、少しずつ「自分のことは自分で」できるように「自立を目指した」介助が必要であるという視点が大切です。これも、先に述べた「あうんの呼吸」でやってもらうのが当たり前になっている場合もありますが、身体の特徴は「彼（彼女）ら本人のもの」であり、今後ずっとそれと付き合っていく必要がありますので、○○年後（例えば、小学校5年生までにとか、中学校に入るまで）にはできるようになるという目標を定め、そのための手順を細分化し、少しずつ介助を受けつつ自分のものにしていくという視点が必要だと伝えていきます。

　保護者の方も巻き込んで一緒に進めていく事項かと思います。「自分でやればできるが、時間がかかり、休み時間には終わらない」という主訴も多くありましたので、場面を切り分けるとよい、という提案をしました。


**(7) 時間軸（キャリア教育）の視点**

　当然だとは思いますが、多くの学校も保護者も「今」のことで精いっぱいで、この後、当事者がどのように大きくなっていくのか、身体が大きくなるとどのようになるのか、進学はどうなるのかという具体的な見通しがもちにくいようです。そこで以下のような視点を提供しました。

　　①　小学校高学年から中学生になるころには一人で移動ができるように、

公共交通機関も利用できるようにすることが大切である。そのために
は、今何をしたらいいかを捉える視点が大切であること。

② 自分に必要な手技（ケア）をどのように自立させていくか、また介
助者に必要事項を伝え、支援の依頼ができるようになることが大切で
あること。

③ 進学に向けた視点や情報を集めておくことが大切であること。

④ 成長することがバランスの悪さや、側弯につながったりすることも
あるし、体重増加が体の動きにくさにつながる場合もあるので、注意
が必要であること。

⑤ 障害者就労支援のシステム等についての情報は大切であること。

⑥ 福祉サービスの情報、例えば、車いす作成、福祉サービスの諸々、
相談先の情報（相談支援事業）等、必要に応じて情報提供すること。

## (8) 介助員調査の発展

介助員調査を行うなかで、「先方の学校から依頼を受けての外部支援」や
「介助員向けの研修会」「特別支援学校への就学」などの発展がありました。

# 3　おわりに

介助員に関する関わりは、私たちにとっても様々な視点で肢体不自由を捉
えるよい機会となりました。また、個別の教育支援計画と個別の指導計画が
いかに重要であるかも再認識することができました。

介助員調査は、「地域にささやかな種を蒔く取組み」なのではないかとい
う感想ももつことができ、特別支援学校にとっても得るものが多かったと
思っています。特に、地域の小・中学校の現状やそこで学ぶ肢体不自由児の
実態がよくわかったことは大きな収穫でした。こうした経験を踏まえて、特
別支援学校における教育においても、児童生徒の観察の視点やアドバイス内
容について、よりよい支援ができるように、学びと専門性を深めるよい動機
付けとして、この経験を生かしていきたいと思います。

　区から「介助員調査」への支援依頼をいただいたことで、地域との連携も進みました。「介助員調査」を通じて、本校のことを区や通常の学校に知ってもらう良い機会ともなりました。この紙面をお借りして、このような機会を与えてくださった関係者の方々に御礼を申し上げます。

　また、閉校となった東京都立城北特別支援学校のセンター的機能について、このようにまとめる機会を与えてくださったことを重ねて御礼申し上げます。

# 第10節　居住地の小・中学校との交流における支援の実践

## 1　センター的取組みの概要

### (1) 学校の概要

　埼玉県内には特別支援学校大宮ろう学園（以下、本校）を含めて、ろう学校が2校あります。本校には、幼稚部・小学部・中学部・高等部本科及び高等部専攻科がありますが、このほかに病院などから紹介された乳幼児が週1回程度保護者と一緒に通ってくる乳幼児教育相談部もあります。学区は県内32市町村の広範囲にわたるため、遠距離通学の児童生徒を対象に、寄宿舎が設置されています。

　在籍者数は幼稚部35名、小学部54名、中学部45名、高等部45名、専攻科4名、全校で183名です。なお、児童生徒は、通常の学校に準じた学級と知的障害等のある重複学級とに分かれて教育を受けています。

### (2) 地域のセンター的機能を担う組織

　本校には、センター的機能を担う組織として「相談支援センター」があり、乳幼児教育相談部3名、聴覚支援部2名、特別支援教育コーディネーター2名の計7名の専任教員で構成されていて、学校内外の幼児児童生徒の地域支援を中心的に引き受けています。

　乳幼児教育相談部は、0〜3歳までの地域の難聴乳幼児を支援しており、保護者支援も並行しながら個別指導やグループ指導、聴力検査などを行っています。

　一方、小学校から高等学校までの児童生徒に対する地域支援は、特別支

教育コーディネーターと聴覚支援部の4名が担当し、「支援籍学習」（居住地校交流のことを意味する。埼玉県では「支援籍学習」、さいたま市では「交流及び共同学習」の名称で呼ばれている。本校ではさいたま市在住者には「交流及び共同学習」、それ以外の市町村には「支援籍学習」と使い分けている）、巡回相談、教育相談、聴力検査、難聴理解授業などの地域支援を行っています。この4名のほかに小中学部に所属している兼任コーディネーターがそれぞれ1名ずつおり、主に地域の小・中学校から本校で支援籍学習を行う児童生徒の支援を担当しています。

　その他、夏休み中に実施する「公開講座」「手話講座」の企画・運営を相談支援センターの7名で担当しています。

## (3) 年間スケジュール

　埼玉県の支援籍学習には、目的や内容により、①通常学級支援籍、②特別支援学校支援籍、③特別支援学級支援籍の3種類があり、本校では、本校在籍の児童生徒が地域の小・中学校で学習や交流をする①と、地域の小・中学校に在籍する聴覚障害児童生徒が本校で学習や交流を行う②の2つを行っています。次に、それぞれの年間スケジュールを紹介します。

### 1）本校→地域の小・中学校の支援籍学習のスケジュール

　・1月
　　①　次年度の支援籍学習市町村別名簿を市町村へ送付（小・中学部在籍者全員）
　　②　次年度の通常学級支援籍のための基礎名簿（市町村→本校）
　・2月
　　③　次年度支援籍学習の希望を保護者対象に調査
　　④　保護者説明会（支援籍学習の概要と今年度の報告）
　・3月
　　⑤　支援籍実施計画書の作成（保護者と面談のうえ、交流内容等について）
　　⑥　支援籍学習希望者一覧表を作成し、相手校と所轄の教育委員会へ送付

・4月

⑦　新転入生保護者への支援籍学習に関する説明と希望調査

⑧　保護者と担任の面談により時間・内容を相談

⑨　新規希望者の支援籍学習実施計画書を作成し、依頼文と共に相手校及び所轄の教育委員会へ送付

⑩　小・中学校担当者との事前打合せ

・5月

⑪　小・中学校支援籍学習開始、引率

・翌年の2月

⑫　支援籍学習への保護者アンケート、相手校へのアンケート実施、集計

⑬　学校評価シートで支援籍学習の評価→職員会議→学校評価懇話会→ホームページ掲載

## ２）地域→本校の支援籍学習のスケジュール

・4～5月

①　小・中学校より本校への支援籍学習希望者の依頼、調整、支援籍学習開始

・10月

②　1回目のグループ学習、アンケート実施

・12月

③　2回目のグループ学習、アンケート実施

## (4) 地域のセンター的機能の評価

　支援籍学習の評価は、年度末にコーディネーターが学校評価シートを作成し、企画委員会、職員会議で検討しています。その根拠としての資料は、支援籍学習の実施数と保護者、グループ学習参加児童生徒、相手校などへのアンケート調査の集計などです。

　評価は、個々のケースについてではなく全体のまとめとして、実施数や傾向などについて行っており、客観的な評価基準は設けていません。

埼玉県が2006（平成18）年度に支援籍学習の制度をスタートさせてから15年近くを経ており、支援籍学習の認知度が高まり、近年特に小学部では希望する保護者が増えてきました。2019年度の支援籍学習実施数は、小学部38名（在籍54名、70%）、中学部4名（在籍45名、8%）でした。

　支援籍学習を希望する目的としては、①地域に子供の存在を知ってもらいたい、②地域の同年齢の子と交流を体験させたい、③通常の学校の授業を経験させたい、などが主なものです。

　支援籍学習は、基本的に学期に1回（小1は2学期から、小6及び中3は2学期まで）行っています。保護者アンケートによると、支援籍学習後、「地域で声をかけられた」「挨拶された」「地域の子と遊ぶようになった」「地域の子が家に遊びに来てくれた」などの感想があり、おおむね保護者の考える①②の目的は達成されているといえます。そのため、毎年、支援籍学習の継続希望が多い状況です。

## (5) 今後の課題として感じている点

　最初に挙げられるのは、相手校のアンケートで低学年や重複学級の支援籍学習に対して「どのように対応して学習を進めればよいか悩んでいるので、適切な対応策を教えてほしい」というものが多かったことです。低学年や重複学級の児童は、実態を一番よく把握している担任に事前打合せに同行してもらうなど、きめ細かい対応が必要なことは言うまでもありません。重複学級では担任が引率し、後補充にコーディネーターが入ることが可能ですが、一般の学級では、授業のほとんどを担任が担当しているため、毎回担任が引率するのは困難な状況なので、今後どのように対応するかの検討が必要です。

　2点目として、本校の支援籍学習当事者である児童生徒からの感想や意見を評価に反映させられないかと考え、試験的にアンケートによる評価を実施してみましたが、発達段階等を勘案すると、児童生徒自身が評価するのは難しい面があるということに気づかされました。アンケートは、教員が評価する際の参考資料として活用するのが適切だと思っています。

　3点目として挙げられるのは、支援籍学習の実施率が小学部では70%であ

るのに対し、中学部になると8％に激減している点です。中学部になると生徒が支援籍学習を希望しないので、本当に必要がないのか、他に妨げている要因があるのかどうか、今後検討して対応策を考える必要があると思っています。

　4点目として、引率教員の存在によって児童生徒が安心できる面はあるものの、引率者を頼って、交流先の児童生徒との直接的なコミュニケーションができにくい状況になる可能性が高いことです。実態が様々に異なる児童生徒がいるので一概には言えませんが、引率教員が付き添わなくてもコミュニケーション面で対応できる児童生徒に対しては、一人で交流することで学びが大きくなる場合もあるので、そのような方向を探るための検討の必要性を感じています。

　次にこの2つの具体的事例を紹介します。

## 2　〈事例1〉地域の小学校に在籍する児童が本校で学習する事例

### (1) グループ学習（通常学級支援籍）のねらい

　本校では、センター的機能の一環として、地域の小・中学校に在籍している難聴児童生徒を対象に、「孤立した聴覚障害児」をなくすためのネットワークづくりの実践を行っています。その一環として、地域の小・中学校に通う難聴児を対象として、同じ障害（難聴）をもつ友達と触れ合い交流する機会をつくるため、3年前から、本校においてグループ学習を行っています。

　聴覚障害で身体障害者手帳を持つのは聴力が70デシベル以上ですが、ろう学校が就学先と判断されるのは、一般的に聴力が60デシベル以上である場合が多い状況です。それ以下の中軽度の聴覚障害児童生徒は、通常の学校に在籍しています。

　中軽度の聴覚障害をもつ彼らは、ろう学校在籍の重度・高度難聴の困難さとはまた別の困難さを抱えています。仮に聴力が40デシベルとすると、静かな環境では1対1の会話は聞こえますが、周囲がうるさかったり、複数名が同時に話していたり、教師が黒板に書きながら話すなどすると、聞こえに

くくなります。班ごとの話合い活動などでは、誰が発言しているのかも聞き取りにくく、教室内の騒音のために、さらに聞きにくくなります。

　しかし、「補聴器や人工内耳を着けているから聞こえている」とか、「発音が明瞭だから全部聞こえているに違いない」などと誤解を受けやすいのが現状です。内耳から聴神経にかけての障害である感音難聴の場合、音が歪んだり、とんだり、ある音域の周波数の音が全く聞こえなかったり、聞こえていても、健聴者と同様に聞こえているわけではない場合がほとんどです。このようなことから、通常学級に在籍している児童生徒は日々緊張とストレスを抱えています。しかし、このことが周りから理解されにくく、孤立したり、本音を話せる友達がいなかったりという状況を抱えている場合が少なくありません。

### (2) グループ学習実施の概要

　2019年度は、グループ学習を10月と12月の2回実施しました。10月に行った1回目のグループ学習は、午前中の授業と給食まではそれぞれの学年で支援籍学習、給食後2時間をグループ学習として実施しました。

　参加者は、小学校に在籍する1年生から6年生までの10名で、給食後、全員が集まり、始めの会、クイズ大会、ポップコーン作り、終わりの会などを行いました。

　調理やクイズでは、高学年の児童が低学年の手助けをする様子が見られ、和やかに過ごし、最後の終わりの会ではポップコーンを食べながら感想発表をするなど、リラックスして交流している様子が見られました。初めて参加した6年生の子の保護者が、その様子を見て「私の子は、初めての場所では話さないのに、こんなにリラックスして話している姿を初めて見た」と驚いていました。

　また同時並行して、別室で保護者の情報交換会を行い、通常学校経験のある先輩保護者を講師として招き、悩みや現在・将来のことなど様々なことが話し合われました。参加者からは、たいへん参考になった、という感想が聞かれました。

2回目のグループ学習にも10名の参加者がありました。冬休み中だったので支援籍学習はなく、午前中2時間のグループ学習のみとなりました。

始めの会の後、通常学校に通っていた聴覚障害をもつ本校の教員の講演、次に難聴理解カルタ大会やケーキのデコレーション大会、お茶会などで交流しました。

難聴理解カルタは、〝難聴あるある〟を題材にしたカルタで、例えば「わかった？　ってきかれると、おもわず『うん』といっちゃうの」「めんどうくさがらず、教えてほしい。みんなのお話にまざりたい」など、子供たちが学校内でよく体験することをカルタにしたものです。

カルタ大会の後、聞こえないために学校で嫌な思いをしたことを語り始める児童や生徒もいて、普段なかなか聞くことができない話題や、在籍校では話せないと思われることなど、同じ障害のある者同士の集いだからこそ、このような雰囲気になったのだと思われました。

グループ学習や支援籍学習を通して、ろう学校の存在を知り、中学部や高等部から本校に転学・入学する生徒もいます。

## (3) グループ学習の今後の課題

こうした取組みの課題としては、小学校段階では支援籍やグループ学習に参加していた者が、中学校段階になると、著しく参加が減るという状況を何とかして打破できないかという点です。埼玉県内のことばの通級指導教室は、小学校では約70校ありますが、中学校になると1校になってしまいます。聴覚障害のある思春期の生徒たちは、どのように対応しているのだろうかと気になります。

とある市の相談施設の相談員から、ある難聴の生徒が中学生になり、学校に不適応を起こし、引きこもりになりつつあるので、対応に苦慮している、という話を聞いたことがあります。中学生が気軽に相談できる場所を考えていくことが、今後の大きな課題だと思っています。

# 3 〈事例2〉本校の児童が地域の小学校で学習する事例

## (1) A児の場合

　A児は本校小学部5年生で、居住地B市のB小学校において、小学部2年生から毎年、支援籍学習を行ってきました。低学年では、最初2時間の図工の授業を受け、様子を見ながら学年が上がるごとに少しずつ時間を増やし、5年生からは6時間の授業を受けることになりました。

## (2) 支援籍学習の概要

　まず、朝8時に保護者に送ってもらったA児と校門前で待ち合わせ、校長先生に挨拶をすませた後、その日の給食費を支払い教室に入りました。授業内容はその日の時間割通りの教科で、国語、算数、理科、学級活動、総合、体育、でした。その日の時間割や持ち物については、コーディネーターと担任で事前に確認し連絡してあります。座席は窓側の2番目に用意されていたので、A児と相談して手話通訳の場所を窓側の担任の机の前に設定しました。

　その日の学級活動は、班ごとにクイズの答えを相談し、順番に一人が黒板に答えを書き、班ごとに競う内容でした。担任の先生は交流に来たA児とクラスの児童が仲良くなるように、A児に関係する問題を作ってくれており、A児はミニホワイトボードで班の児童と筆談で「〜はどう思う？」などと相談していました。A児の番になって、黒板に書いた答えは正解でした。この時間をとおしてA児と同じ班の児童の親密度が深まったように感じました。休み時間には男子たちに誘われA児は校庭でドッジボールをして遊んでいました。A児について、「聞こえないだけで、自分たちと変わらない5年生である」ことを体験できた時間だったように思います。同じ教室内で授業や話し合い活動、給食や遊びなどを一緒にすることで、聞こえない友達とどうコミュニケーションするかを学ぶ良い機会となったのではないでしょうか。

　最後に、担任の先生からA児との交流について質問されたクラスの一人は、「手話を覚えてAくんともっと話ができるようになりたい」という感想を述

べていました。

　A児との交流をきっかけに、手話や聴覚障害者に興味をもってくれる子が増えることは、支援籍学習の目的である「ノーマライゼーションの理念に基づく教育の推進」に大きく貢献していると考えます。


参考資料
・埼玉県教育委員会（2013）「支援籍学習実施要領」。

# 第11節 幼稚園や保育園への訪問支援の実践

## 1 センター的取組みの概要

### (1) 学校の概要

筑波大学附属大塚特別支援学校（以下、本校）は、幼稚部・小学部・中学部・高等部を設置する知的障害特別支援学校で、所在地である文京区を中心として、近隣の区と連携しています。幼児児童生徒数は74名で、教員数は40名程度の小規模な学校です。国立大学法人の附属校であるため、通学可能な地域からの希望者が入学試験を通過して、入園・入学してきます。

先導的教育拠点、教師教育拠点、国際教育拠点として、知的障害教育の実践研究や、インクルーシブ教育システムとしての公開講座や出版活動も行っています。

### (2) 地域のセンター的機能を担う「支援部」

本校では、「支援部」という組織を設け、学校外の幼児児童生徒の指導を引き受けています。支援部の構成員は3名で、主に「地域支援」を中心に行っています。また、所在地である区のプロジェクトにも参加し、専門家チームの一員としても活躍しています。

校内の支援については、学部ごとに学部主事がコーディネーターの役割を担い、担任と連携協力しながら、必要に応じて実施しています。

実践事例を紹介する幼稚部では、研究の一環として、在園児の併行通園によるインクルーシブ教育を実施しています。幼児たちは、本校と併行して地域の幼稚園及び保育園へ通園し、個別の指導計画に基づく合理的配慮を受け

ながら生活しています。幼稚部では、学部主事だけではなく、学級担任もそれぞれコーディネーターの役割を担い、併行通園先の幼稚園及び保育園と連携を図りながら、日々の教育を進めています。

　学部主事や担任が、幼児の個別のケースに対して指導を行い、支援部教員は、地域の専門家の一員としての全体的な支援を行っています。

### (3) 年間スケジュール

　幼児自身の教育的ニーズ及び保護者や連携機関のニーズに応じ、適宜訪問相談、情報交換などの連携支援を行っていますが、その回数は多くの場合、学期に1〜2回程度です。

### (4) 連携支援についての評価

　連携支援を行う際に、記録をとり、学部会で共有するとともに、連携支援の履歴を、個別の教育支援計画に記載するようにしています。また、保護者に対するアンケートにおいて、個別の教育支援計画に基づく関連機関との連携について5件法で尋ね、その結果を学校の自己評価及び取組みの改善の資料として活かしています。

### (5) 今後の課題と、感じている点

　対象となる幼児一人一人の連携支援について、記録を元に学部教員で情報を共有しながら進めることで、チームで支援にあたることはできていますが、一方で、校内の地域支援に関する組織である「支援部」と連携して、成果や課題を共有するという点に関しては、今後の課題といえます。

## 2 〈事例1〉地域の幼稚園に在籍するA児の事例

### (1) A児の実態と対応の概要

　地域の幼稚園に在園するA児は、幼稚園に週3回、本校幼稚部に週2回という併行通園形態で、年少から年長の3年間通園しました。自閉的傾向のあ

る知的障害児であり、まずは環境に慣れ心理的に安定して生活できること、周りの大人との信頼関係を構築することを課題として、指導を進めました。個別の指導計画の立案にあたっては、感覚過敏があり、何事にも高い緊張感が現れる幼児であるため、まずは本人の好きなことを中心とした活動を通して、安心して積極的に生活できることを目的としました。

　併行通園先の幼稚園とは、保護者を介して連絡を取り合う、電話によって情報交換をする、訪問し合い情報交換をする、本校主催の公開講座や研修会へ誘う等の工夫をして、連携を図りました。

## (2) 入室をスムーズにするための工夫

　年少時は、園の生活に慣れるための課題を遂行しました。本校幼稚部の生活においては、A児の好きな歌や音楽を使って安心感を与え、まずはスムーズに教室へ入室すること、嫌がらずに着替えや排泄ができることを目的として指導を実施しました。

　A児が登園すると、ピアノで好きな歌を演奏し、興味をもったA児が教室内へ入ってくることを誘発しました。毎回、A児の好きな定番の歌3曲程度を弾くことにより、A児はスムーズに入室し、ピアノのそばで教員と過ごすことができるようになりました。

　このことを幼稚園の担任や担当者に伝え、好きな定番の歌を歌いながら指導にあたることを提案しました。これにより、幼稚園でも、担当の教員と一緒にスムーズに教室へ入室できるようになりました。日々の生活の中でのアセスメントにより、ブランコやトランポリンなどの粗大運動により、感覚刺激が満足すると落ち着いて行動できることもわかりました。幼稚園の担任や担当者と双方で確認し、A児は登園すると、歌にのせて教室へ入室し、ブランコやトランポリンで遊んでから、みんなの中に入って遊びに参加するという流れができました。

## (3) 室内での活動をスムーズにするための工夫

　幼稚園での、様々な活動に対して、なかなかその輪に入れない、参加でき

ないという相談もあり、初めての場所、初めてのこと等に対する誘い方についての検討を行いました。幼稚園を訪問し、幼稚園での生活の様子を参観することにより、例えば「離席が多い」ことに対しては、「A児の椅子を置く」「立ち位置の目安となるマークを貼る」などの支援の工夫を伝えました。

　また、幼稚園側の「いつでも退室できるように」という配慮により、一番後ろの端がA児の席になっていましたが、「その場所からはメインティーチャーが見えにくく、活動内容がわからないため、離席が増えるのではないか」という見解を伝え、メインティーチャーの目の前である一番前の真ん中の席にしてもらいました。それにより、担当の先生が傍らにいなくても、15分程度は座って参加できるようになりました。

## (4) 歌紙芝居の導入等、具体的な指導法の提案

　A児が好きな歌の歌詞を紙芝居にした「歌紙芝居」を作成し、それを使って歌うことで、歌紙芝居に注目したり、好きな歌を選んで要求したりするなど、コミュニケーションが図れるようになりました。そこで、歌紙芝居の成果について幼稚園へ伝え、幼稚園の担任や担当者も歌紙芝居を作成することとなりました。

　A児の本校での様子を見てもらうことと、共通の教材を作成すること等を目的として、本校主催の公開講座や研修会へ誘いました。夏休みや週末の時間を利用して、幼稚園の担任や担当の教員が参加してくれ、A児の本校での活動の様子を見たり、気に入っている教材を一緒に作ったりして、連携を深めました。幼稚園では、本校で見た方法で要求の表出を促したり、同じ教材を使用したりすることによって、A児が混乱なく活動に参加し、意思の表出ができるようになりました。

## (5) 友達と共に活動することができるようにするための工夫

　年中になり、幼稚園での活動の幅が広くなると、着席すべき時間が長くなったり、友達と協力して活動したりする機会が増えました。友達と一緒に活動することが課題となる場面では、なかなか活動に参加できないという

「困り感」が、幼稚園側から寄せられました。そこで、本校で実施している「社会性を高めるための音楽活動」（『根岸由香のつながる音楽』より抜粋した手作り楽器と音楽活動）を中心に幼稚園へ紹介しました。A児は、手作り楽器などの物を介した活動や音楽を使った活動であれば、自信をもって積極的に参加できるので、それらの活動を紹介することになりました。

　幼稚園側の提案により、A児が登園していない日に、本校の教員2名で幼稚園を訪問し、学級の友達に先に活動を教え、A児が登園した際に「学級のみんなでA児の好きな音楽活動をする」という段取りで進めました。『キャラクターすず』『くねくねマラカス』『スポンジすず』『花＊花マラカス』などの手作り楽器や歌紙芝居を使用した活動を、本校の教員2名（メインティーチャーとピアノ伴奏）で、出前授業的に訪問授業として実施しました。

　A児と同級生の幼稚園の子供たちは、目を輝かせながら楽しく参加してくれ、「Aちゃん、これが好きなんだね」「Aちゃんとやればもっと楽しいね」などのコメントを寄せてくれました。物を介して関われば、スムーズに友達と活動できることが、周りの友達にもわかったようでした。

　使用した手作り楽器や歌紙芝居やピアノ伴奏を録音したCDは、幼稚園へプレゼントして利用してもらいました。

## (6) 長時間の集中や係活動参加のための工夫

　本校の「支援部」の教員も、区の専門家チームの一員として、同じ幼稚園へ指導に訪れているため、幼稚園側も最初は多少の混乱があったようですが、A児を取り巻く指導に関しては両方の園の担任たちで実施する、学級経営や全体的な相談は「支援部」の教員が行う等と、徐々にすみ分けができました。

　年長になり、「思い出づくりの行事」や「小学校に向けた学習」等、さらに座ってお話を聞く時間、集中すべき時間が長くなりました。また、役割活動が盛んになり、A児はカレンダーに「今日は何日」と印をつける係になりました。幼稚園の担任及び担当の先生から「困り感」が告げられ、幼稚園を訪問して対策を検討しました。

　「紙芝居の読み聞かせ」では、内容がかなり高度なため集中が続かないの

では、という見解になりました。少しでも慣れるようにと考え、紙芝居を借りて本校用と家庭用を作成し、本校への登園日や家庭の中でも、折に触れて見られるようにしましたが、季節に応じてどんどん紙芝居が新しいものに更新されるため、Ａ児の理解が進む前に新しくなるという状況になりました。しかし、幼稚園の教材を、本校でも家庭でも共通に取り組むことで、着席していられる時間は長くなりました。

　係活動である「カレンダーの日付チェック」は、カレンダーの段を１段だけ示せるように、残りの段を隠すグッズを作成することにより、７つの選択肢の中から選べるようになり、少しは理解が進みました。印として、シールを貼る際には、カレンダーの枠を強調するための「四角い枠」を作成して提示し、上手に貼ることができる日が増えました。

## (7)「見通し」をもたせるための指導の工夫

　初めてのことや、非日常的な活動が得意ではないＡ児なので、「見通し」をどうもたせていくのかについて、幼稚園と連携して指導を進めました。活動の流れや予定を示すこと、写真カードや絵カード、好きな教材を共に制作して共有し、本校と幼稚園、家庭との三者で「同じ物」を使用したことが、とても効果的であったと思います。

　また、幼児の指導においては、「基本的な生活習慣の獲得」と「遊びを通した活動」が主な指導内容であり、さらに「自立活動」を通して「感覚を高めていく」ことが望まれます。したがって、日常の指導や支援に携わり、幼児の日常の様子を把握している担任同士が連携協力できたこと、実際の指導や生活の場を訪問し合えたことが、大きな成果につながったのであろうと思います。

## 3　〈事例２〉地域の保育園に在籍するＢ児の事例

### (1) Ｂ児の実態と対応の概要

　地域の保育園に在園するＢ児は、保育園に週３回、本校幼稚部に週２回と

いう併行通園形態で、年少から年長の3年間通園しました。自閉スペクトラム症であることから、まずは環境に慣れて心理的に安定した生活ができること、周りの大人との信頼関係を構築することを課題として、指導を進めました。個別の指導計画の立案にあたっては、多動であり気分が安定しないという「困り感」に対応するために、保護者からの聞き取りや保育園を訪問しての状況把握を行いました。

　幼児であるため、まずは本人の好きなことを中心とした活動を通して、安心できる環境づくりを優先することにしました。特に、保育園へ通園しているため、教室の空間にいるだけで泣いてしまう、人手にゆとりがないなかで落ち着かない、他児への働きかけに困り感があるという主訴があり、こうした状況の改善を目指して、保育園を訪問して対応を検討しました。

## (2) 給食時の工夫

　保護者からの伝聞で、「給食の際に、友達の食べ物を取って食べてしまう」「いただきます、の前に食べてしまう」という「困り感」が寄せられました。

　保育園を訪問して観察すると、長机の上に複数人の給食がのせられ、自分の分と友達の分の境界線がわかりにくい状況でした。B児は、例えば小学校のように、一人ずつひとつの机であれば、間違って食べてしまうことが減ると思われました。しかし、保育園はスペースが限られており、今の場所より広くすることは不可能ということでした。そこで今の場の状況を変えずに解決する方法として、「トレーの使用」を提案しました。自分の分という「枠組み」が明確になれば、友達の給食を食べてしまうことが減ると思われました。

　保育園では、すぐにトレーを使用してくれ、本人の好物以外の食べ物に関して、友達の分を食べてしまうことは激減しました。保育園の担任の先生からは、「トレーは目から鱗でした」というお話と、「特別支援教育の勉強をしたことがあり、学んだことを思い出すと、トレーの使用は妥当だと思います。しかし、保育園という環境で働いていると、B児だけトレーを使用するとい

う発想が、他のお子さんとの平等性や予算的な問題から、考えられませんでした。先生から言っていただけて良かったです」とのコメントがありました。

このことより、置かれた環境によって、できる支援とできないと思われてしまう支援があることが「心のバリア」になってしまうのだとわかりました。保護者も協力的であり、自宅でもB児の分は、トレーにのせるなどの工夫をしてくれました。

給食の準備中、幼児たちは長机の周りに座り、絵本の読み聞かせを聞いて待つという形をとっていました。しかし、目の前には給食が準備されており、さらにB児は読み聞かせをしている先生から遠く、今、何をする時間なのかがわかりにくい状況でした。そこで、発達の水準として、「目の前に給食があると待てない」段階であることを確認し、給食までは「担当の先生とお散歩をする」あるいは「部屋の隅で好きなパズルをする」という対応をすることになりました。これにより、「いただきます、の前に食べる」ことはなくなりました。

### (3) その他の工夫

そのほか、「着席してほしい場合には椅子を準備する」「枠組を明確にして提示する」などについて確認・実施することによって、B児の保育園での生活が、本人にとってわかりやすいものになりました。

また、保育園の職員は勤務に追われ、本校主催の「公開講座」や「研修会」へ参加できないため、B児が使用する「写真カード」や「歌紙芝居」等を作成して届け、共通の物を使用するようにしました。

本校から訪問する形で、B児の生活の様子を把握し、「困り感」に対して検討し、連携協力を実施しました。

## 4　訪問支援の実践からわかったこと

幼児は、発達が未分化なため、日常生活の指導そのものや他者との信頼関係の構築が課題であること、また非言語的なコミュニケーション手段による

意思の表出や表現が多いこと、社会を知る第一歩の集団生活の場で社会性を身につけている段階であること等のため、ていねいな役割活動の指導等が必要になると思われます。

したがって、例えば小学校以上の児童生徒に対する支援のように、「指導方法や合理的配慮の仕方について伝えていく」「研修会を開催する」という方法だけでは不足であり、実際に一日の生活の流れを観察し、その中での「困り感」について把握し、対処方法を検討していくという流れで進めることが望まれると思います。一人一人の様子を実際に見て、それに対してどのようにすればよいかを考えていくという形の支援が必要になるのではないでしょうか。

また、幼稚園、療育機関、家庭などの三者が、ある程度「場を共有」し、「共通の物」を使用して指導を行っていくことも必要であると思います。そのため、本校が主体となって「教材づくり」や「活動づくり」を行い、その教材を提供することにより「対象児の生活がわかりやすいものになること」、併せて「学級全体の生活が機能的になること」が望めることがわかりました。

幼児が安定して生活できること、安心して生活できること、より良い学びの場を提供できること等を目指して、実際の園生活の場に対して、可能な限り直接的かつ具体的な支援をするよう努めることが望ましいと思います。

資料
・根岸由香（2019）『根岸由香のつながる音楽――社会性を育てる75のインクルーシブな音楽活動』あおぞら音楽社。

# 索　引

**執筆者一覧**（執筆順。所属は2021年3月現在）　　　　　　　執筆担当

香 川 邦 生*　次ページ参照　　　　　　　　　　　　　　1章、2章2節-3-(5)(6)

真 鍋　　健*　千葉大学教育学部准教授　　　　　　　　2章1節

青 木 隆 一*　千葉県教育庁教育振興部特別支援教育課長　2章2節-1、2、3-(1)(2)(3)

秋 山　　篤*　聖徳大学非常勤講師　　　　　　　　　　2章2節-3-(4)、3章3節-4

若井広太郎*　筑波大学附属大塚特別支援学校教諭　　　3章1節、2節、3章3節-1

根 岸 由 香*　筑波大学附属大塚特別支援学校教諭　　　3章3節-2、5章11節

中村里津子*　筑波大学附属視覚特別支援学校教諭　　　3章3節-3

藤島瑠利子*　筑波大学附属大塚特別支援学校教諭　　　3章3節-5

山 田　　毅*　筑波大学附属視覚特別支援学校教諭　　　3章3節-6、5章1節

大 内　　進*　次ページ参照　　　　　　　　　　　　　3章4節、4章

田 原 佳 子　千葉県立千葉聾学校教諭　　　　　　　　5章2節

日 向 純 子　埼玉県立上尾特別支援学校教諭　　　　　5章3節（共著）

植 村 美 幸　埼玉県立上尾特別支援学校教諭　　　　　5章3節（共著）

薬 袋　　愛　山梨県立盲学校教諭　　　　　　　　　　5章4節

波田野圭子*　埼玉県立特別支援学校塙保己一学園教諭　5章5節

丹 羽 弘 子　東京都立葛飾盲学校教諭　　　　　　　　5章6節

菊間みゆき　茨城県立大子特別支援学校教諭　　　　　5章7節

髙 田 拓 輝　千葉県立千葉盲学校教諭　　　　　　　　5章8節

林田麻理子　東京都立墨東特別支援学校教諭　　　　　5章9節

藤原志津子　埼玉県立特別支援学校大宮ろう学園教諭　5章10節

＊日本リハビリテーション連携科学学会 教育支援研究会メンバー。

## 編著者
香川邦生（かがわ・くにお）

視覚・触覚情報支援教育研究所主宰。日本リハビリテーション連携科学学会 教育支援研究会顧問。

1940年生まれ。広島大学教育学部卒業。国・公立学校教諭、文部省初等中等教育局特殊教育課教科調査官、筑波大学教授、健康科学大学教授などを経て現職。2007年に内閣総理大臣賞、2008年に辻村賞を受賞。

主著に『特別支援教育コーディネーターの役割と連携の実際』（編著、教育出版、2012年）、『障害のある子どもの認知と動作の基礎支援』（教育出版、2013年）、『分かりやすい「自立活動」領域の捉え方と実践』（教育出版、2015年）、『五訂版 視覚障害教育に携わる方のために』（編著、慶應義塾大学出版会、2016年）など。

大内　進（おおうち・すすむ）

（独）国立特別支援教育総合研究所名誉所員。日本リハビリテーション連携科学学会 教育支援研究会代表。手と目でみる教材ライブラリーを運営。

1949年生まれ。筑波大学大学院修了。公立学校教諭、筑波大学附属盲学校教諭、（独）国立特別支援教育総合研究所上席総括研究員などを経て現職。2019年に本間一夫文化賞を受賞。

主著に『特別支援教育コーディネーターの役割と連携の実際』（共著、教育出版、2012年）、『五訂版 視覚障害教育に携わる方のために』（編著、慶應義塾大学出版会、2016年）など。

## 企画
日本リハビリテーション連携科学学会 教育支援研究会

「日本リハビリテーション連携科学学会」は、障害者や高齢者等のリハビリテーションに関わる医療・教育・福祉・就労等の広範な分野の研究や実践に取り組んでいる人たちが、職業や専門領域の垣根を越えて交流するとともに、具体的な研究や実践に共に取り組むことを目的として1999（平成11）年に結成された学会である。

「教育支援研究会」は、障害児（者）の教育に関して、障害種別を越えた広範な課題を、医療・福祉・就労等との連携を重視しつつ日常的に研究・実践活動を行う、本学会内における自主研究会である。

インクルーシブ教育を支えるセンター的機能の充実
──特別支援学校と小・中学校等との連携

2021 年 4 月 30 日　初版第 1 刷発行

編著者————香川邦生・大内　進
企　画————日本リハビリテーション連携科学学会　教育支援研究会
発行者————依田俊之
発行所————慶應義塾大学出版会株式会社
　　　　　　〒108-8346　東京都港区三田 2-19-30
　　　　　　TEL〔編集部〕03-3451-0931
　　　　　　　　〔営業部〕03-3451-3584〈ご注文〉
　　　　　　　　〔　〃　〕03 3451-0926
　　　　　　FAX〔営業部〕03-3451-3122
　　　　　　振替 00190-8-155497
　　　　　　https://www.keio-up.co.jp/
装　丁————Boogie Design
印刷・製本——中央精版印刷株式会社
カバー印刷——株式会社太平印刷社

©2021 Kunio Kagawa, Susumu Oouchi
Printed in Japan　ISBN 978-4-7664-2742-4

慶應義塾大学出版会

# 五訂版 視覚障害教育に携わる方のために

香川邦生 編著／猪平眞理・大内進・牟田口辰己 共同執筆

視覚に障害をもつ子どもの特性や心理を踏まえ、乳幼児期から学校教育を経て社会的自立に至るまで、発達段階に合わせた養育・指導上の配慮を解説。教員はもとより、保護者やボランティアにとっても必読の書。定価 3,300 円（本体価格 3,000 円）

# 視覚に障害のある乳幼児の育ちを支える

猪平眞理 編著　大切な乳幼児期の発達を促すために。長年、視覚障害に関わる医療や教育に携わってきた著者たちが、支援や指導の基本、保護者支援の具体的な方法と配慮の仕方を伝える待望の書。　　　　　　定価 2,200 円（本体価格 2,000 円）

# 障害の重い子どもの目標設定ガイド 第2版
## ——授業における「Sスケール」の活用

徳永豊 編著　知的障害などで学ぶことの困難さが大きい子どもの学習評価の画期的なツールである「Sスケール」の仕組み、具体的な活用方法、実践事例を解説した第2版。
定価 1,100 円（本体価格 1,000 円）

# 障害の重い子どもの発達理解ガイド
## ——教科指導のための「段階意義の系統図」の活用

徳永豊・田中信利 編著　乳児の発達とその系統性を基礎に、障害の重い子どもの目標設定のための、確かな根拠を提供。さらに、発達の系統性や発達段階ごとのつながりを活用し、学びの順序性について授業の実践事例とともに解説する。
定価 1,100 円（本体価格 1,000 円）